DEC 2 0 2017

Heinrich Schütz

dargestellt von Michael Heinemann

Rowohlt

**rowohlts monographien begründet von Kurt Kusenberg
herausgegeben von Wolfgang Müller**

Redaktion: Uwe Naumann
Redaktionsassistenz: Katrin Finkemeier
Umschlaggestaltung: Walter Hellmann
Vorderseite: Christoph Spetner: Heinrich Schütz. Um 1650.
Universität Leipzig, Kunstsammlung
Rückseite: Heinrich Schütz im Kreise seiner Kantorei
in der alten Dresdner Schloßkapelle. Ausschnitt aus
dem Titelkupferstich von David Conrad zum «Geistreichen Gesangbuch»
von Christoph Bernhard, Dresden 1676
(Beide Vorlagen: Bildarchiv Preußischer Kulturbesitz, Berlin)
Frontispiz: Heinrich Schütz im Alter von 42 Jahren.
Kupferstich von August John

Originalausgabe
Veröffentlicht im Rowohlt Taschenbuch Verlag,
Reinbek bei Hamburg, Juli 1994
Copyright © 1994 by Rowohlt Taschenbuch Verlag GmbH,
Reinbek bei Hamburg
Alle Rechte an dieser Ausgabe vorbehalten
Satz Times PostScript Linotype Library, PM 4.2
Jung Satzcentrum GmbH, Lahnau
Gesamtherstellung Clausen & Bosse, Leck
Printed in Germany
ISBN 3 499 50490 1

2. Auflage Januar 2005

Inhalt

Ein Musiker werden 7
Ein Deutscher in Italien 19
Positionen bestimmen 28
Hofmusik organisieren 43
Trauerarbeiten und Reisen 60
Musik im Krieg 82
Summe des Lebens 102
Nachklänge 120

Anmerkungen 131
Zeittafel 138
Zeugnisse 140
Werkverzeichnis 143
Bibliographie 151
Namenregister 155
Über den Autor 158
Quellennachweis der Abbildungen 159

Heinrich Schütz im Kreise der Dresdner Hofmusiker. Ausschnitt aus einem Kupferstich von David Conrad, 1676 (vgl. Abbildung S. 36/37)

Ein Musiker werden

«Gleich wie sich aber die Lust zu einem Dinge leichtlich nicht bergen lässet/ also hat sich auch stracks in der Jugend eine sonderliche Inclination [Neigung] zu der edlen Music, bey dem Herrn Schützen gefunden/ also daß Er in kurtzer Zeit gewiß und ziemblich wohl mit einer besondern Anmuth zu singen gelernet hat/ welches denn nicht eine geringe Ursach seiner zeitlichen Beförderung gewesen/ denn nach dem Anno 1598. Ihre Hoch-Fürstl. Gnaden Herr Landgraff Moritz von Hessen Cassel/ einsmahls bey seinen Eltern pernoctiret [übernachtet]/ und Ihn als damahls so einen kleinen Knaben/ so lieblich singen gehöret hatte/ seynd Ihre Fürstl. Gnaden bewogen worden/ seine Eltern deßwegen anzureden/ Ihn an seine Fürstl. Hofstadt mit ziehen zu lassen/ mit Versprechen/ daß Er zu allen guten Künsten und löbl. Tugenden solte aufferzogen werden.»[1]

Das Leben von Heinrich Schütz zu erzählen läßt sich an wie ein Roman. Wie der fürstliche Mäzen die außerordentliche musikalische Begabung des Jungen durch glücklichen Zufall entdeckt, wäre kaum besser zu erfinden. Doch ist es der Dresdner Oberhofprediger Martin Geier, ein langjähriger Freund und Vertrauter von Schütz, der diese Geschichte in einer «Kurtzen Beschreibung Des (Tit.) Herrn Heinrich Schützens/ Chur-Fürstl. Sächs. ältern Capellmeisters/ geführten müheseeligen Lebens-Lauff» überliefert. Neben diesem immerhin zwölf Druckseiten füllenden Nekrolog ist ein *Memorial*[2], das Schütz 1651 an den sächsischen Kurfürsten Johann Georg I., seinen langjährigen Dienstherrn, richtete, eine ähnlich wertvolle Quelle. Seiner Bitte um die Entlassung aus kurfürstlichen Diensten setzte der fünfundsechzigjährige Kapellmeister eine Schilderung ihm wesentlich erscheinender Situationen seines Lebensweges voran. Daneben können mittels zahlreicher Briefe und Eingaben, zumeist organisatorische Fragen der Hofmusik oder eigene Reisen betreffend, weitere biographische Daten bestimmt werden. Etliche Schütz gewidmete Gedichte und Grußadressen seiner Zeitgenossen, häufig im Zusammenhang mit familiären Ereignissen, bieten darüber hinaus Anhaltspunkte, das Bild seiner Person vielfältig zu konturieren.

Dennoch sah man lange Zeit in Schütz weniger den weltoffenen und weitgereisten Hofkapellmeister als lediglich den Komponisten protestantischer Kirchenmusik: Streng, vergeistigt, mahnend, verbindlich, vielleicht auch bitter scheinen die ausgeprägtesten Züge des «alten» Schütz zu sein. So tritt er auch in Günter Grass' Roman «Das Treffen in Telgte»[3] in die Runde der zechenden Dichter, schattengleich beinahe; unnötig zu sagen, daß er an Gastmahl und nächtlichen Ausschweifungen nicht teil hat. Wo Schütz redet, ist es zur Sache. Es scheint, als hätte auch Grass jenes Portrait des fünfundachtzigjährigen Schütz zur Vorlage gedient, das just zur Feier des 350. Geburtstages im Jahr 1935 in «altem Brandenburgischem Besitz» entdeckt wurde und, wie schon Hans Eppstein bemerkte, mit «etwas beunruhigender Genauigkeit» einer verbreiteten Vorstellung des Altmeisters entspricht: «Hier vereinigt sich Melancholie mit Weisheit, Müdigkeit mit der Haltung eines Aristokraten, Nach-innen-Gewandtheit mit einer beinahe magisch zu nennenden Ausstrahlung – ein Faust, der das ganze Erdenleben erfahren hat und den es nicht länger berührt.»[4] Gerade dieses Bild des «eisgrauen Senioris»[5] aber dürfte für eine – bis in die Gegenwart hinein – ausschnitthafte Rezeption von Leben und Werk Heinrich Schütz' bestimmend sein. Inzwischen stellte sich allerdings heraus, daß das Gemälde aus jüngerer Zeit stammt: Vermutlich ist es nur wenige Jahre vor dem Jubiläum, um 1930 etwa, entstanden.[6]

Betrachtet man einige weitere Dokumente aus den ersten Lebensjahrzehnten von Heinrich Schütz, so wirkt schon der Weg von der Ausbildung einer spezifischen Veranlagung bis hin zur Entscheidung, Musiker zu werden, weit weniger zielgerichtet, als ihn Martin Geier in seiner eingangs zitierten Passage suggerieren möchte. Christoph Schütz, der Vater des Komponisten, hatte, bevor er 1590 den Gasthof «Zum goldenen Ring» in Weißenfels als väterliches Erbe übernahm, in Köstritz die Erbschänke «Zum goldenen Kranich» bewirtschaftet, wo als ältester Sohn aus (dritter) Ehe mit Euphrosyne Bieger am 8. Oktober 1585[7] Heinrich Schütz geboren wurde. Nach den Ermittlungen von Siegfried Thielietz[8] wird Christoph Schütz kaum als Gastwirt im landläufigen Sinne anzusehen sein. Vielmehr bildeten Gasthof und sonstige Besitzungen lediglich die wirtschaftlichen Grundlagen, um das Leben eines einflußreichen und gebildeten Bürgers seiner Zeit zu führen. Berücksichtigt man zudem, daß ein Gasthaus eine zentrale Funktion im Alltagsleben jener Zeit einnahm, bot es doch Raum für Gemeindeversammlungen und wurde mitunter auch zur Gerichtsstube[9], so wird die außergewöhnliche Stellung, die ein Wirt im Gemeinwesen haben konnte, verständlich. Wie viele Mitglieder seiner Familie übernahm auch Christoph Schütz zahlreiche öffentliche Ämter: 1609, 1612 und 1616 war er Stadtrichter (Unterbürgermeister), 1619 und 1622 regierender Bürgermeister der Stadt Weißenfels.[10] Seine Herberge muß renommiert gewesen sein, da nicht nur der hessische Landgraf, sondern in späteren Jahren auch Albrecht von Wal-

Heinrich Schütz im Alter von 85 Jahren. Ölminiatur von unbekanntem Maler, entstanden um 1930

Das Geburtshaus von Heinrich Schütz in Köstritz in seiner heutigen Gestalt

Der Gasthof «Zum Schützen» in Weißenfels, 1979 abgerissen

lenstein und der Schwedenkönig Gustav II. Adolf zu seinen Gästen zählten.[11] Der Name des Hauses «Zum Schützen» kündete unverkennbar vom Selbstbewußtsein seines Besitzers.

Dem entspricht, daß auch das Verhalten von Christoph Schütz gegenüber Landgraf Moritz nicht von jener Botmäßigkeit geprägt war, die dem Bürger gegenüber dem Adligen in jener Zeit angestanden hätte. Der Wunsch des Fürsten, Heinrich mit nach Kassel zu nehmen, um ihm im Collegium Mauritianum eine Ausbildung zukommen zu lassen, die auf eine Anstellung in der Hofkapelle zielte, war ihm keineswegs ein unabweisbarer Befehl. Dem gesellschaftlich arrivierten Vater konnte die Perspektive, daß sein Sohn Musiker oder gar ein Musikant werden sollte, kaum genehm sein, mußte sie ihm doch zunächst als sozialer Abstieg erscheinen. Eine schnelle Karriere, die zu einem Amt höheren Ranges, etwa dem eines Kapellmeisters am fürstlichen Hof, führen würde, war kaum schon vorherzusehen oder gar zu planen. Zudem war Christoph Schütz auch in Weißenfels eine profunde Erziehung seiner Söhne ein großes Anliegen gewesen. So berichtet Martin Geier, daß der Vater Heinrich «nebenst andern seinen Geschwister daselbst nach den wohlgelegten Grund der Gottseeligkeit/ stets zu einen tugendhafften Wandel/ stillen Leben/ erbaren Sitten/ guten Wissenschafften und Sprachen/ auch folgends zu höhern Studiis nicht allein durch eigene privat Praeceptores [Lehrer] selbst gehalten und fleissig angewiesen/ sondern Ihn auch anderer stattlich gelehrter Leuten Information hierzu untergeben.»[12]

Als Landgraf Moritz jedoch – ungewöhnlich genug – seine Offerte nach kurzer Zeit schriftlich wiederholte, besann man sich noch einmal, bedachte die vermutlich doch besseren Ausbildungsmöglichkeiten in der hessischen Residenzstadt, vielleicht aber auch et-

Landgraf Moritz von Hessen (1572–1632)

Das Collegium Mauritianum in Kassel

waige Auswirkungen eines erneuten abschlägigen Bescheids. Daß der Wunsch des knapp Vierzehnjährigen gegenüber den elterlichen Sorgen letztlich ausschlaggebend gewesen sein soll, ist dagegen wenig wahrscheinlich: «Alß aber seine Eltern ihn in seiner schwachen Kindheit von sich wegziehen zu lassen Bedencken getragen/ Ihre Hoch-Fürstl. Gnaden aber anderweit in Schrifften umb seine Person angehalten/ und seine Eltern vermercket/ daß Er Lust und Beliebung trüge/ in die Welt zu ziehen/ haben sie darin endlich consentiret [eingewilligt]/ und Er ist Anno 1599. am 20. Augusti von seinen lieben Herrn Vater außgeführet/ und Ihre Hoch-Fürstl. Gnaden dem Herrn Landgraffen übergeben worden.»[13]

Über das Leben am Kasseler Mauritianum geben Schulordnung und Stundenplan hinreichend Aufschlüsse: Minuziös war der Ablauf des Tages geregelt, den Gebetsstunden früh um fünf Uhr wie des Abends um acht umrahmten. Lateinischer und griechischer Sprachunterricht sowie die Lektüre klassischer Autoren standen zusammen mit Arithmetik und Katechese im Zentrum einer Ausbildung, die tägliche Leibesübungen und Musikstunden ergänzten.[14] Den Stellenwert der Musik aber, der im Stundenplan nur mittelbar ersichtlich wird, bekunden nicht nur zahlreiche Passagen der Schulordnung, sondern nachdrücklicher noch ein Zu-

> Oratiuncula de
> S. Mauritio.
> Quangvam multa ac varia sunt
> media, qvibus Imperatores ad
> summa honoris fastigia adspiran-
> tes, uti solent: Nullum tamen,
> et coram DEO acceptius, coram
> hominibus Christianis laudabi-
> lius esse existimo, qvam illud, q^o
> imperator ille fortissimus Mau-
> ritius olim usus est, q non solum
> pro vera religione fortiter pugna-
> vit, verum etiam usq ad ultima
> mortis horam constanter pro eo
> sangvinem suum effudit. Licet
> enim multi alij imperatores im-
> mortale sibi nomen singularibus
> suis artibus et stratagematibus
> conciliaverunt, non tamen veru
> scopum et finem, (extra qvem nul-

Lateinischer Schulaufsatz von Schütz zum Namenstag des Landgrafen Moritz

satz, daß um ihretwillen vom Prinzip einer aristokratischen Herkunft der Schüler abgesehen werden konnte: «Weil aber Musik zum Ausschmücken der Gottesdienste wirklich nötig ist und an denen, die in dieser Kunst Hervorragendes leisten können, großer Mangel herrscht, scheint es nützlich zu sein, daß dazu nicht nur jene Hof-Kapellknaben, sondern auch andere, bürgerliche [...] zugelassen werden.»[15] Die Zahl dieser «in die Reihe der Kapellknaben aufzunehmenden Jungen», die «den Nachweis einer klaren und zarten Stimme zu erbringen» haben, aus «legaler Ehe und von ehrenhaften Eltern» stammen und «hervorragende Beweise [ihrer] Begabung und Intelligenz, eine disponible Kenntnis der Grundlagen der lateinischen Sprache» vorgelegt haben mußten, war auf acht begrenzt gegenüber einem Dutzend «adliger Knaben [...] aus vornehmen Häusern in unseren Landen»[16].

Freie Zeit und damit die Möglichkeit individueller Erfahrung und Handlung ließ der Stundenplan des Collegium Mauritianum kaum zu. So ist es wenig verwunderlich, daß drei Dokumente, die sich aus Schütz' Kasseler Schulzeit erhalten haben, keine Rückschlüsse auf seine Person zulassen. In einem lateinisch verfaßten Aufsatz, einer *Kleinen Rede auf den hlg. Mauritius*[17], repetiert Schütz wohleingeprägte, standardisierte Floskeln; und auch sein Beitrag zu einer 1602 gedruckten Sammlung von Trauergedichten, die Lehrer und Schüler des Gymnasiums ihrem verstorbenen Gefährten Bernard zur Lippe widmeten, zeigt ebenso wie ein Poem, das er im folgenden Jahr anläßlich des Todes seines Onkels Johann Kolewaldt schrieb, keinerlei Züge persönlicher Anteilnahme.[18] Ähnlich konstatiert Golo Mann eingangs seiner Biographie Wallensteins, der nur zwei Jahre älter war als Schütz: «Man legte wenig Gewicht auf das, was wir Gefühle nennen, um die Wende des 16. zum 17. Jahrhundert. Die, welche man gleichwohl erlebte und für welche es die uns geläufigen Namen nicht gab, verschloß man in sich, vertraute sie allenfalls dem Beichtvater, dem geistlichen Berater an, der seinerseits in Schweigsamkeit geübt sein mußte. Wurden Tagebücher geführt, das kam vor, so hielten sie Begebenheiten und äußere Beobachtungen fest, nicht Reflexionen, viel weniger Selbstreflexionen.»[19]

Musikalische Werke von Schütz aus diesen frühen Kasseler Jahren sind nicht dokumentiert, was wenig überraschend ist. Selbst wenn der Musikunterricht eine individuelle Unterweisung im Tonsatz beinhaltete, hätte doch keine Veranlassung bestanden, Kompositionsversuche eines Schülers zu überliefern. Nichtsdestoweniger dürften die kulturellen Eindrücke, die Heinrich Schütz in Kassel sammeln konnte, äußerst vielfältig gewesen sein, da Landgraf Moritz sein Haus gern Künstlern öffnete und neben Musikern insbesondere Schauspieler protegierte.[20] Musikalisch ambitioniert und selbst kompositorisch tätig, unterhielt Moritz Kontakte zu Giovanni Gabrieli und Hans Leo Haßler, den er ebenso wie den englischen Lautenisten John Dowland an seinen Hof verpflichten wollte. Michael Praetorius, 1605 und 1609 zu Gast in Kassel, berichtet vom hohen Standard des gottesdienstlichen Gemeindegesangs. In der Schloßkapelle hatte er «etliche geistliche Psalmlieder per choros zugleich mit der Gemeine in der Kirchen musizieren»[21] gehört. Aus besonderem Anlaß – so bei der Taufe eines Prinzen im Jahre 1600 – soll die Stärke der Vokal- und Instrumentalchöre 80 bis 100 Musiker erreicht haben.[22]

Landgraf Moritz schuf günstige Bedingungen, Musik in der Vielfalt ihrer Zeit kennenzulernen. Zudem forcierte er Neukompositionen, gab seinem Hofkomponisten Georg Otto eine Sammlung mit Evangelien-Motetten für alle Sonn- und Festtage des Kirchenjahrs in Auftrag,[23] verfaßte selbst Melodien und Sätze zu deutschen Psalmliedern und legte einen umfangreichen Notenbestand an, der schon zur Tradition gehörende Werke von Sixtus Dietrich, Johann Walter und Gallus Dressler ebenso umfaßte wie die Musik seiner Zeitgenossen Orlando di Lasso, Palestrina, Haßler und Praetorius. Vielversprechenden jungen Musikern verschaffte er überdies gelegentlich Stipendien: So konnte nicht erst Heinrich Schütz, sondern schon der mit ihm freundschaftlich verbundene Christoph Cornet 1605 nach Venedig reisen, um vermutlich ebenfalls bei Giovanni Gabrieli intensiven Kompositionsunterricht zu nehmen.[24]

Unklar ist, wie lange Schütz in Kassel blieb. Er selbst berichtet lediglich, daß er *in Herrn Landgraff Moritzens Hoffcapell zu Cassel etliche jahr für einen Capellknaben mit auffgewartet habe, nebenst der Music aber zur Schulen, und erlernung der Lateinischen undt anderer sprachen, zugleich gehalten und erzogen worden*[25] sei. Martin Geier seinerseits betont die Vielseitigkeit des jungen Schütz, der «zu allerley Sprachen/ Künsten und exercitien angeführet worden [ist]/ welcher sein darinen gethaner Fleiß und darzu anreitzende Lust auch nicht vergebens gewesen ist/ massen Er in kurtzer Zeit in der Lateinischen/ Griechischen und Frantzö[s]ischen Sprachen mit Verwunderung zugenommen/ und nebenst den andern bald gleiche profectus [Fortschritte] erwiesen/ also gar/ daß auch seine Herren Praeceptores und Professores, weil Ihm alles wohl von statten gangen/ sehr werth gehalten/ und ieder gewüntschet und Ihn angereitzet/ daß auff seine Profession Er sein Studium richten möchte»[26].

Musiker zu werden stand dabei für Schütz zunächst nicht zur Disposition: *Vndt dieweil meiner Seeligen Eltern Wille niemahls war, das heute oder morgen, Ich gar Profession von der Music machen solte, habe auff dero gutachten (: in gesellschafft eines meines andern Bruders [...] :) Ich mich, nach dem ich meine Discantstimme verlohren, auff die Universitet Marpurgk begeben, In willens meine, ausser der Music, anderweit ziemlicher massen angefangene Studia daselbst fortzustellen, Eine gewisse Profession mir zu erwehlen und dermahleins einen Ehrlichen Gradum darinnen zu erlangen.*[27] Rätselhaft in den Ausführungen des nunmehr dreiundzwanzigjährigen Schütz mutet der Zusammenhang an zwischen seiner Immatrikulation an der Universität Marburg, die sich auf den 27. September 1608 datieren läßt[28], und der Mutation seiner Knabenstimme, die doch erheblich früher stattgefunden haben muß. Für ein Studium von Schütz vor diesem Datum in anderen Städten, etwa, wie Georg Weiße in seinem Nachruf «Der christliche Assaph»[29] andeutet, in Jena und Frankfurt/Oder, ließen sich bislang keine dokumentarischen Belege erbringen. Nach den Statuten des Collegium Mauritianum ist es jedoch denkbar – wenngleich nicht sehr wahrscheinlich –, daß Schütz auch als junger Mann noch mit der Hofkapelle musiziert haben könnte: «Wenn sie [= die Kapellknaben] jedoch in den Stimmwechsel gekommen sind oder die Klassen durchlaufen haben, sollen die geeigneten durch eine Prüfung ausgelesen und auf die Ritterakademie mit einem Stipendium geschickt werden; wenn sie aber geeignet für die Chormusik sind, sollen sie noch eine Weile dagelassen werden.»[30]

Das Jura-Studium, das Schütz mit seinem Bruder Georg und seinem Vetter Heinrich in Marburg 1608 aufnahm, zeitigte raschen Erfolg. Binnen kurzem, so Geier, habe er «durch eine Disputation de legatis [in Verwaltungsfragen] rühmlich erwiesen/ daß Er seine Zeit nicht übel angewendet habe»[31]. Inwieweit Schütz am studentischen Leben seiner Zeit Anteil genommen hat, sei dahingestellt. Beschreiben die Gesänge des «Studentengärtlein» von Johannes Jeep[32] eher harmlose Varianten der Geselligkeit, so herrschten andernorts offensichtlich rauhere Sitten:

«Wer von Tübingen kommt ohne Weib,
Von Leipzig mit gesundem Leib,
von Helmstädt ohne Wunden,
Von Jena ohne Schrunden,
Von Marburg ungefallen,
Hat nicht studiert an Allen.»

Nach Golo Mann[33] waren diese Zustände nicht auf die genannten Universitätsstädte beschränkt. Daß es schon schwerfällt, sich einen fröhlichen, gar überschwenglichen Studenten Heinrich Schütz vorzustellen, bezeichnet allerdings eine erstaunliche Wirkungsmächtigkeit eines doch erst von der Nachwelt gezeichneten Bildes seiner Person. Doch fehlen aus dieser Zeit Werke, die Schlüsse auf Schütz' Biographie oder gar

Marburg im 17. Jahrhundert. Stich von Matthäus Merian

Musizierende Studenten. Stich von Simon de Passe

seine persönliche Lebensführung zuließen. Weder finden sich Kompositionen auf geistliche Texte noch schon Lieder, Tänze oder Instrumentalmusik aus den Jahren vor dem Studium in Venedig. Lediglich ein Werk, das fünfchörige Konzert *Ach wie soll ich doch in Freuden leben* (SWV 474), galt lange als Dokument dieser Lebensphase. Denn zum einen war es aufgrund seines Textes nur schwer mit den Vorstellungen eines Komponisten zu vereinbaren, der sich ausschließlich oder doch zumindest vorwiegend der Kirchenmusik widmete. Zum anderen weist diese Komposition einige kaum übersehbare satztechnische Schwächen auf, die den Schütz-Biographen Hans Joachim Moser veranlaßten, das Stück nicht «als schützisch voll zu nehmen»[34]. Philologische Untersuchungen führten jedoch inzwischen zu einer späteren Datierung des Werkes, mit der auch eine von Martin Gregor-Dellin vorgeschlagene, ohnehin problematische biographische Intention – das Konzert zeige, daß Schütz sich «als Alumnat zum erstenmal unsterblich verliebt habe»[35] – hinfällig wurde: Über Schütz' Frühwerk läßt sich ebensowenig Verläßliches sagen wie über seine musikalischen Ambitionen in diesen Jahren.

Die Aufnahme des Jura-Studiums in Marburg entsprach dem Wunsch der Eltern und bedeutete zugleich eine Entscheidung gegen ein professionelles Musiker-Dasein, die jedoch noch nicht endgültig sein mußte.

«Bald darauff Anno 1609. ist geschehen, daß höchstgedachte Ihre Hoch-Fürstl. Gnaden Herr Land-Graf Moritz nacher Marpurg kommen/ da denn Demselben Er [= Schütz] seiner Schuldigkeit nach aufgewartet/ bey welcher Gelegenheit/ nicht wissende qvô fatô [was sein Geschick sei], Ihre Gnaden angefangen und gesaget hat/ wie Er vernommen/ daß Er sich gäntzlich und vornehmlich auf das studium Juridicum wendete/ und weil Er bey Ihm eine sonderbare Inclination zu der Profession der edlen Music vermercket/ und der weltberühmte Musicus Herr Johann Gabriel zu Venedig annoch am Leben were/ so were er nicht übel gesonnen/ im fall Er Herr Schütze Lust hätte/ Ihn den Verlag darzu zu schaffen [= die Kosten zu tragen]/ und dahin zu senden/ damit Er das studium Musicum rechtschaffen fortstellen könte.»[36] Moritz hatte ihm ein Stipendium von jährlich 200 Talern «anpraesentirt».

Als *ein junger, und die Weld zu durchsehen auch begieriger Mensch*[37], wie sich Schütz vierzig Jahre später erinnert, konnte er ein derart vielversprechendes und gut dotiertes Angebot kaum ausschlagen, zumal er seine universitären Studien lediglich unterbrechen mußte. Gegenüber den sicherlich nicht unkritischen Eltern ließ sich immerhin auf eine mögliche spätere Wiederaufnahme der akademischen Ausbildung verweisen: «Wie nun dergleichen Offerten junge Leuthe selten außzuschlagen pflegen/ also hat Er sich auch damahls resolviret [entschieden]/ und solche angetragene Gnade mit unterthänigsten Danck angenommen/ in Meinung/ daß Er nechst seiner Wiederkehre aus Italien/ dennoch fernerweit zu den Büchern greiffen/ und seine Studia in mehrern continuiren könte.»[38]

Noch standen zwei berufliche Wege offen, und es ist nicht zu erkennen, welchen von beiden Schütz bevorzugte. Er war sich, so scheint es, nicht gewiß, ob er einer aussichtsreichen Laufbahn des Juristen den Vorzug geben oder die unsichere Zukunft eines Musikerdaseins wählen sollte, ob man Familie und Herkunft Rechnung zu tragen hatte oder einer interessanten Neigung nachgeben durfte. Noch legte er sich nicht fest.

Ein Deutscher in Italien

Landgraf Moritz wünschte seine Musik nach dem aktuellen Geschmack einzurichten. So war es sicherlich eine Auszeichnung, doch auch nicht uneigennützig, wenn er einem jungen Mann anbot, nach Italien zu gehen, um dort die neue Musik zu erkunden. Nicht nur Unterricht in der modernen Art des Komponierens zu nehmen war damit gemeint; Schütz sollte auch neue Musikalien erstehen und möglichst die hierfür notwendigen Instrumente gleich dazu.

Als Ziel der Reise wählte man Venedig, wo *ein hochberümbter, aber doch zimlich alter Musicus und Componist noch am leben were*[39]. Der Ruf des damals zweiundfünfzigjährigen Giovanni Gabrieli zog nicht nur Kasseler Musiker nach Venedig – wenige Jahre vor Schütz hatte sich Christoph Cornet als Stipendiat von Landgraf Moritz auf den Weg nach Italien begeben –, sondern auch aus dem nördlichen Mitteleuropa waren etliche Komponisten[40] in die Schule des italienischen Komponisten gekommen; und das, was sie alle hier zu erlernen hofften, belegt eines jeden Gesellenstück, ihr Opus 1: ein Madrigalbuch.

Dabei zählt Giovanni Gabrieli noch nicht einmal zu den Hauptvertretern der Madrigalkomposition. Als Nachfolger Claudio Merulos und Organist des venezianischen Markusdomes schrieb er eher großbesetzte Kirchenmusik, «Sacrae Symphoniae» für 16, 19, ja 22 Stimmen, die, in mehrere Vokal- und Instrumentalchöre gegliedert und auf verschiedene Emporen im Raum verteilt, eine neue musikalische Konzeption aufweisen: Der Klang im Raum wird komponiert, um den Hörer zu überwältigen. Hierzu mögen die baulichen Verhältnisse der Markuskirche inspirierend gewesen sein, hatte doch eben für diese räumlichen Gegebenheiten Adrian Willaert 1550 seine «Salmi spezzati» geschrieben, Psalmkompositionen, bei denen er den Chor in zwei Gruppen «teilte» und diese getrennt voneinander postierte. Die traditionelle Weise alternierenden Singens, insbesondere der Psalmverse, fand hier ihren eindrucksvollen Höhepunkt. In Schütz' *Psalmen Davids* wird diese Kompositionsweise ihre Fortsetzung finden, und noch in den doppelchörigen Motetten Johann Sebastian Bachs klingt etwas davon nach.

Ferner rechnet man Gabrieli das Verdienst zu, die Instrumente bewußt

Markusplatz und Markusdom in Venedig, um 1600. Stich von Matthäus Merian

disponiert zu haben. Herrschte vordem eine gewisse Beliebigkeit, wie Vokal- und Instrumentalstimmen zu besetzen seien, so schreibt Gabrieli nun spezifisch für einzelne Instrumente, vor allem, um die Aussage eines Textes eindringlicher zu gestalten. Claudio Monteverdi, seinerseits besonders in der Opernkomposition um neue Ausdrucksmöglichkeiten bemüht, wird diese Tendenz durch eine Erweiterung der Spielarten der Instrumente, so der Stricharten der Violinen[41], fortführen, Schütz eher die Gestaltung der Instrumentalstimmen der sprachnahen Behandlung der Singstimmen angleichen. Instrumentale Partien werden musikalische Klangrede.

Warum in dieser Situation, zudem in der Schule eines Kirchenmusikers, als «Gesellenstück» ausgerechnet ein Madrigalbuch vorgelegt wird, erscheint auf den ersten Blick sonderbar. Hätte man nicht einige auf traditionelle Art und Weise verfertigte Motetten als Nachweis erwartet, daß der Kandidat die technischen Regeln des strengen Satzes beherrscht? Wäre es für einen angehenden Hofkapellmeister nicht sinnvoller gewesen, mit einer Komposition der «neuen» Gattung, der Oper, mindestens aber mit einer Arbeit «modernen» Stils Ehre einzulegen und vielleicht gar die musikalische Welt aufhorchen zu lassen?

Ein Blick auf die Entwicklungsgeschichte des Madrigals aber zeigt, warum diese Gattung als geradezu ideal für den Unterricht erschien. Einerseits wurde ein strenger, nach kontrapunktischen Regeln überprüfbarer Satz gelehrt; andererseits forcierte die nun aktuelle Idee eines Vorrangs des Textes über die Musik Ausnahmen vom kompositionstechnischen Regelwerk. Dazu forderten die Texte der Madrigale, gegen Ende des 14. Jahrhunderts vor allem von Petrarca zur literarischen Gattung entwickelt, heraus. Häufig an ein Naturbild anschließend, vor allem aber Freude und Leid der Liebe schildernd, boten sich ausgedehnten tonmalerischen Episoden sowie der Darstellung innerster Gefühlsregungen reiche Entfaltungsmöglichkeiten. Hier konnten die Regeln der kontrapunktischen Schreibweise nur eine geringe Bandbreite von Ausdrucksgesten bereitstellen, und quasi im Gegenzug wurde es fast zur Manier – der Stilbegriff des Manierismus entstand gerade in diesem Kontext –, neue und immer extremere Zusammensetzungen zu erfinden, die lediglich durch den Text, die Aufforderung, ihn möglichst intensiv zu illustrieren, legitimiert wurden. Die Madrigalkomposition wurde zu einem Experimentierfeld neuer kompositorischer Möglichkeiten; sie geriet zum Gegenstand der Auseinandersetzung mit der konventionellen Musiktheorie.

Claudio Monteverdi, mit Gesualdo da Venosa, Luca Marenzio und Luzzasco Luzzaschi der bedeutendste der späten Madrigalisten, beschreibt diesen Konflikt 1605 in der Vorrede zu seinem 5. Madrigalbuch und stellt der traditionellen Satztechnik, der «prima pratica», deren Gesetze Gioseffo Zarlino (Istitutioni harmoniche, 1558) und Giovanni Maria Artusi (L'Arte del contrapunto, 1586–89) formuliert hatten, seine Denk- und Kompositionsweise gegenüber:

«Gelehrte Leser, wundert Euch nicht, daß ich diese Madrigale in Druck gebe, ohne vorher auf die Einwände zu antworten, die Artusi gegen einige winzige Passagen machte, denn im Dienst des Herzogs von Mantua bin ich nicht Herr über meine Zeit, wie ich sie bisweilen bräuchte. Nichtsdestoweniger habe ich diese Antwort geschrieben, um klarzustellen, daß ich meine Sachen nicht aufs Geratewohl mache, und sobald ich diese Antwort überarbeitet habe, wird sie mit dem Titel ‹Seconda Pratica overo Perfettione della moderna musica› in Druck erscheinen, über den sich womöglich einige wundern werden, wenn sie glauben, daß es keine andere Kompositionsweise gibt als die von Zarlino gelehrte. Aber sie sollen versichert sein, daß es zu den Konsonanzen und Dissonanzen auch andere Überlegungen gibt als jene festgelegten, die, mit Ruhe betrachtet, die moderne Kompositionsweise verteidigen; und dieses habe ich Euch mitteilen wollen, zum einen, damit dieser Begriff ‹Seconda Pratica› nicht irgendwann von anderen benutzt wird, zum anderen, damit auch einfallsreiche Leute sich über andere ‹zweite Dinge›, den musikalischen Satz betreffend, Gedanken machen und glauben können, daß der moderne Komponist durchaus auf dem Boden der Wahrheit arbeitet.»[42]

Das hieraus resultierende Dilemma, nicht mehr letztlich transzendental legitimierte Regeln zur Grundlage der Komposition zu machen, sondern die Ausdrucksmöglichkeiten des Textes und damit schließlich die Subjektivität des Komponisten zur Bewertungsgrundlage eines Stückes zu machen, verwickelte vor allem die deutschen Musiktheoretiker in schwerwiegende Probleme. Es stellte sich die Frage, was noch durch Regeln überhaupt beschränkt werden konnte. Jede Wendung, so entlegen sie sein mochte, konnte – durch ihren Textbezug – musikalisch sinnvoll werden.

In solcher Spannung zwischen Regelpoetik und Subjektivität des Künstlers wurde das Madrigal zum hervorragend geeigneten Probestück, einerseits das kompositorische Handwerk zu beherrschen, aber daneben die es fundierenden Regeln so souverän zu handhaben, daß in deren riskantester Auslegung ein individueller Zug erkennbar wurde. Zugleich war das «Opus 1» eines Komponisten nicht nur der Nachweis seiner kompositorischen Befähigung, sondern enthielt oft auch programmatische Züge dessen, was der Komponist als seinen Beitrag zur musikalischen Entwicklung ansah. Auch bei Bach, Haydn und Beethoven bezeichnet das Opus 1 keineswegs das jeweils erste Werk. Erst nach einer Vielzahl verschiedener Kompositionen, deren Rang kaum zu bestreiten ist, begannen sie eine offizielle Zählung mit einem ihrer Meinung nach gewichtigen Werk.[43]

Nach zweijährigem Unterricht bei Gabrieli erschien 1611 *Il primo libro de Madrigali di Henrico Sagittario, Allemanno* im Druck, eine Sammlung

Titelblatt
der «Italienischen
Madrigale» von
Heinrich Schütz,
1611

von achtzehn fünfstimmigen und einem doppelchörigen (achtstimmigen) Madrigal, denen in der Mehrzahl Texte von Giovan Battista Guarini und Gianbattisto Marino zugrunde liegen. Neben diesem ersten gedruckten Werk sind auch aus Schütz' venezianischer Zeit keine weiteren Kompositionen überliefert, und man kann nur mutmaßen, ob und was etwa verlorengegangen oder gar von ihm selbst vernichtet worden sein könnte. So unvermittelt, anscheinend ohne vorbereitende Studien hier ein erstes Werk vorgelegt wird, so wenig ist es doch voraussetzungslos; vielmehr steht es in enger Verbindung zum zeitgenössischen Kontext. Nicht selten bleibt es allerdings hinter den harmonisch sehr viel gewagteren Madrigalen eines Gesualdo oder Monteverdi zurück. Deren Kühnheit, eine Dehnung des Satzgefüges bis zum äußersten, realisiert Schütz erst ein gutes Jahrzehnt später, 1625, in einigen seiner *Cantiones sacrae*.

Schütz' Madrigale weisen kaum mehr als die für Gattung und Zeit typischen Merkmale auf. Das, was man das Metier nennen könnte, beherrscht er zweifellos. Madrigalismen, musikalische Wendungen, die einzelne Worte illustrieren, finden sich an üblichen Stellen. Schnelle Bewegungen zu den Verben «ridere» (lachen), «fuggire» (fliehen; auch, imitatorisch geführt, die Assoziation des Wortes mit der Satztechnik der Fuge ausnutzend), kurzphrasige Motive zum Wort «sospir» (Hauch), Koloraturen über «gioia» (Freude) und vieles mehr sind unmittelbar eingängig, ebenso die teilweise scharfen Dissonanzen auf Worten wie «morire» (sterben), «crudel» (grausam) und umgekehrt harmonische Wohlklänge zu positiv besetzten Begriffen («primavera», Frühling).

Alle solchermaßen leicht in musikalische Termini zu übersetzende Textteile nutzte Schütz wie jeder dieser Madrigalisten aus. Und die Dichter bevorzugten solche Vokabeln, legten ihre Gedichte auf leicht zugängliche Vertonungen an.

Auch die Wahl der Tonarten der Schützschen Madrigale entsprach den Konventionen seiner Zeit. Die Kirchentonarten, mit denen von alters her bestimmte Charaktere verbunden wurden, disponierte Schütz traditionell: Die herb-wehmütig besetzte phrygische Modalität findet sich in den Madrigalen 4 bis 6, in denen von Trauer, Abschied und Tod gesprochen wird, das ionische Tongeschlecht, dem heutigen Dur gleichzusetzen, in den eher heiter gestimmten Nummern 9 und 10. Vieles also ist stilistisch kaum auffällig, sondern gängige Münze zeitgenössischen Komponierens. Es fällt schwer, hier Schütz' eigenen Anteil zu definieren, wenn mitunter ganze Satzanfänge den Einfluß der Kollegen, ja fast das Komponieren nach einem vorgegebenen Muster erkennen lassen. Die dichte Imitation eines Motivs gegenüber einer orgelpunktartig gesetzten Außenstimme in den Madrigalen 8 und 9 läßt das direkte Vorbild im Psalm 126 («Nisi Dominus») der nur ein Jahr zuvor veröffentlichten «Marienvesper» Claudio Monteverdis erkennen, wiederum ein Stück, in dem Monteverdi ganz bewußt Altes und Neues, konzertierende Solostimmen und klassische Cantus-firmus-Bearbeitung, kombiniert hatte.

Was jedoch schon hier eine Stileigentümlichkeit Schütz' ausmacht, ist die Kompilation der Texte. Auf den ersten Blick findet sich kaum Originelles; Guarinis «Il Pastor fido»[44] oder Teile daraus gehören zu den meistvertonten Vorlagen schlechthin. Auffällig ist jedoch die Auswahl der Abschnitte. Wie schon Philipp Spitta bemerkt hat, wählte Schütz gerade nicht die sich vielleicht unmittelbar anbietenden Chorlieder, sondern bevorzugte dramatische Szenen, zu deren Verständnis das Wissen um den Kontext notwendig wird.

Als persönlichster Teil dieses Madrigalbuches kann wohl das Schlußstück gelten, dem ein von Schütz selbst verfaßter Text zugrunde liegt: eine Huldigung und Dankesadresse an Landgraf Moritz, indem beziehungsreich mit dem Gleichklang «mar» – «Mauritius» – «Moritz» gespielt wird:

Vasto mar, nel cui seno
fan soave armonia
d'altezza concordi venti,
guesti devoti accenti
t'offre la musa mia.
Tu, gran Mauritio,
lor gradisci e in tanto,
farai di rozzo armonioso
il canto.

Weites Meer, dem im Busen
Harmonien sich verfugen,
von Hoheit und Tugendglanz
tönt Lob der Winde.
Solche Verehrungsklänge
meine Muse dir künde.
Du, großer Moritz,
würd'ge sie in Gnaden.
Und wo ich fehlte
verbessere kundig den Schaden.[45]

Doch erinnert dieses einzige doppelchörige Stück der Sammlung weniger an italienische Madrigale; eher nimmt es in der Faktur das Opus 2 von Schütz vorweg, die *Psalmen Davids* von 1619: In breiten, wohlklingenden Harmonien schrieb Schütz hier einen eindrucksvollen Hymnus an seinen Gönner, in dem auch dessen kompositorischen Fähigkeiten geschmeichelt wird.

Versucht man eine Bewertung der Schützschen Madrigale, so scheint es, daß Schütz über die satztechnische Virtuosität, die seine italienischen Kollegen mitunter so staunenswert praktizierten, (noch) nicht auf gleichem Niveau verfügte. Enger noch fühlte er sich an die überkommenen Regeln des strengen Satzes gebunden, die hier erst vorsichtig erweitert wurden.

Daß diese italienischen Madrigale jedoch nicht nur eine Pflichtübung des angehenden Komponisten sein sollten, zeigen neben der Vorrede, in der Schütz von *i primi miei madrigali* spricht, etliche spätere Stücke dieses Genres – dann allerdings mit deutschem Text. Hier lag der eigentliche Zweck seiner italienischen Studien: eine Tonsprache zu finden, die Text und Musik zu einer Einheit verschmilzt. Das war an Madrigalen zu lernen. Sein Ziel – und musikgeschichtlich sein Verdienst – war es, dieses Prinzip ins Deutsche zu übersetzen, wie ein Brief von 1651 an seinen Schwager Caspar Ziegler zeigt. Der veröffentlichte das Schreiben seines inzwischen zur musikalischen Autorität avancierten Verwandten in der Einleitung zu seiner Schrift «Von den Madrigalen. Einer schönen und zur

Caspar Ziegler (1626–1690)

Musik beqvemesten Art Verse, wie sie nach der Italianer Manier in unserer Deutschen Sprache auszuarbeiten», 1653 in Leipzig erschienen. Liefert Ziegler die Anweisung, deutsche Madrigale zu schreiben, so Schütz die Methode der Vertonung.

Seinen Aufenthalt in Venedig hatte Schütz nicht nur musikalischen Studien widmen wollen, um mindestens eine Option auf weitere Juristenausbildung zu behalten; allein der Kompositionsunterricht bei Gabrieli scheint derart umfassend gewesen zu sein, daß an andere Studien einstweilen nicht mehr zu denken war: *Ob [...] Ich die Wichtigkeit undt Schwere des mir fürgenommenen Studii der Composition, und das hirinnen ich noch einen vngegründeten schlechten anfang hatte, bald vermercket, vndt dahero mich fast sehr gereuet gehabt, das von denen auff den Teutschen Universiteten gebreuchlichen, und von mir albereit zimlich weit gebrachten Studiis Ich mich abgewendet, Habe ich mich doch nichts desto minder zur gedult bequemen, und demjenigen, worumb ich dahin gekommen war, obliegen müssen*[46]. Der Erfolg, der sich in der günstigen Beurteilung des Schützschen Erstlingswerks durch die *fürnembsten*[47] venezianischen Musiker niederschlug, veranlaßte Landgraf Moritz, das Stipendium um ein weiteres Jahr zu verlängern. Gabrieli selbst scheint die Fortsetzung von Schütz' Musikstudien nachdrücklich begrüßt zu haben. Während eines vierten Studienjahres aber, das nunmehr die Eltern Schütz finanzierten, starb Giovanni Gabrieli. Mit dessen Tod am 12. August 1612 dürften auch Schütz' italienische Ambitionen erloschen sein, von denen Christoph Weiße in seinem Nachruf spricht:

«Venedig kennt dich schon vor drey und Sechzig Jahren/
Und wenn du nur gewolt/ so hättstu können seyn
Der Andre Gabriel/ der mit dir so verfahren/
Das er an seine statt dich offt gesetzet ein.»[48]

Offenbleiben muß, inwieweit Gabrieli Schütz weitergehend protegiert hätte; daß er vielleicht sein bevorzugtester Schüler war, bezeugt die von Schütz selbst berichtete Geschichte, daß Gabrieli ihm auf dem Totenbett einen Ring *aus sonderbahrer Affection [...] zu seinem guten andencken*[49] vermachte. Schütz jedenfalls kehrte im Frühjahr 1613 nach Deutschland zum Landgrafen Moritz zurück, noch immer seiner Musikprofession nicht sicher.

So beschloß er, *mit meinen in der Music numehr gelegten gueten fundamenten, noch etliche jahr zurücke, und mit denenselbigen mich gleichsamb verborgen zu halten, bis Ich dieselbigen noch etwas weiter Excoliret [ausgebildet] haben, undt hierauff mit auslassung einer würdigen arbeit, mich würde herfür thun können.*[50]

Positionen bestimmen

Während der ehemalige Kasseler Kapellknabe Christoph Cornet im Anschluß an seinen Studienaufenthalt in Venedig 1605 schnell eine Anstellung am Hofe des Landgrafen Moritz fand, ergab sich für Heinrich Schütz bei seiner Rückkehr nach Deutschland im Frühjahr 1613 zunächst keine Möglichkeit zur Übernahme eines musikalischen Amtes in Kassel. Für seinen Lebensunterhalt indes sorgte Landgraf Moritz, «welcher ihn auch alsobald 200. Gülden biß zu einer gewissen Bestallung setzen lassen/ weil ihm aber nicht gefallen solcher gestalt bey der Music zu verbleiben/ hat er lieber seine Bücher wieder vor die Hand nehmen wollen/ umb dasjenige was er in Italia darinnen versäumet/ zu ersetzen/ und nebenst diesen die Music als ein parergon [Nebenbeschäftigung] zu anderweiten Beförderung zu gebrauchen.»[51] Ob der nun fast dreißigjährige Schütz mangels einer ihm angemessen erscheinenden Stelle oder noch immer, um eine Alternative zum Musikerdasein offenzuhalten, sich erneut juristischen Studien hingab, dürfte kaum zu klären sein. Einige Spuren verweisen darauf, daß er in Leipzig weiterstudiert haben könnte[52], keineswegs jedoch lange, denn noch im selben Jahr 1613 wird er zweiter Hoforganist in Kassel: an einer Stelle, die Landgraf Moritz einrichtete, um Schütz eine regelmäßige Einnahme zu sichern und ihn, dessen kompositorische Fähigkeiten nun immer weniger zu verkennen waren, an seinen Hof zu binden.

Schütz dürfte im wesentlichen Continuo-Aufgaben übernommen haben; daß er als Orgelsolist hervorgetreten wäre, ist denkbar, bislang jedoch nicht belegt. Die relativ bescheidene Position erlaubte es ihm immerhin, in den folgenden Jahren zahlreiche Verpflichtungen an verschiedenen Höfen wahrzunehmen, wenn es galt, festliche Musiken durchzuführen oder bei der (Neu-)Organisation von Chören und Kapellen beratend tätig zu werden. So vermutet Heinz Krause-Graumnitz wohl zu Recht, daß Schütz' vierchörige Motette *Veni, sancte Spiritus* (SWV 475) für den Naumburger Kurfürstentag 1614 entstand[53], dessen reiche musikalische Ausgestaltung unter der Gesamtleitung des Wolfenbütteler Kapellmeisters Michael Praetorius vielfältig bezeugt ist. 1615/16 weisen Spuren nach Bückeburg[54]; 1617 erstellte Schütz ein Gutachten für Hein-

«Christ ist erstanden». Autograph von Heinrich Schütz, vermutlich um 1615

rich Postumus Reuß zum Aufbau von Hof-, Stadt- und Schulmusik in Gera[55]; 1618 wurde er zusammen mit Michael Praetorius und Samuel Scheidt um die Erstellung einer Disposition für eine neue Orgel im Dom zu Magdeburg und die Einrichtung einer «Concertmusik» gebeten[56], 1619 schließlich lud man ihn – neben Johann Staden und wiederum Praetorius und Scheidt – zu einer Orgelprüfung nach Bayreuth[57] ein: Schütz' musikalischer Sachverstand scheint vielfach gefragt worden zu sein.

Entscheidender für seine Zukunft jedoch sollte eine Reise von Landgraf Moritz an den Kurfürstlichen Hof nach Dresden werden, wo er die Fähigkeiten seines Italien-Stipendiaten allzu laut gelobt haben muß. Denn nur kurze Zeit nach seinem Aufenthalt erbat sich Johann Georg I. Schütz' Dienste zur Ausgestaltung der Tauffeierlichkeiten seines Sohnes August am 18. September 1614. Schütz, der mit Praetorius für die Festmusik verantwortlich war, muß die Erwartungen des sächsischen Kurfürsten sehr zu dessen Zufriedenheit erfüllt haben, da bereits nach einem weiteren halben Jahr Johann Georg Landgraf Moritz ersuchte, Schütz ihm für zwei Jahre zu «leihen», bis einige seiner Musiker – Johann Nauwach und Johann Klemm – die neue Art des Musizierens, die Schütz in Dresden präsentiert hatte, selbst in Italien studiert haben würden. Es entspann sich nun ein langwieriger Briefwechsel um Heinrich Schütz, der nicht zuletzt vom Konkurrenzdenken der beiden barocken Herrscher bestimmt gewesen zu scheint und bei dem der Rangniedrigere, Landgraf Moritz, fast notwendig unterliegen mußte.

In ihrer monumentalen Darstellung des Dreißigjährigen Krieges spiegelt Ricarda Huch den Disput in einer kleinen Szene anläßlich des Besuches von Kaiser Matthias in Dresden 1617, die die historische Situation durchaus treffen könnte: «Während der Kurfürst und sein Hof sich bei Tische nicht sonderlich um die Kapelle bekümmerten, horchten die Gäste zuweilen erstaunt und freudig auf, und Ferdinands Freund, Fürst Eggenberg, stand sogar mehrmals auf, brachte dem Kapellmeister ein Glas voll Wein, stieß mit ihm an und beglückwünschte ihn wegen der Kunst, mit der er die Kapelle leitete. Als der Kurfürst dies bemerkte, erzählte er lachend, dieser Kapellmeister, namens Heinrich Schütz, habe einen besonderen Wert für ihn, weil er ihn dem Landgrafen Moritz von Hessen-Kassel abgejagt habe. Dieser habe den Schütz als einen talentvollen Knaben entdeckt, ihn im Gesang unterrichten lassen und später an seinen Hof gezogen. Als er gehört habe, was für ein großes Wesen der Landgraf aus dem Schütz machte, habe er sich ihn einmal schicken lassen und ihn dann ganz für sich behalten wollen, was der Landgraf Moritz sehr ungern vernommen habe. Da aber der Schütz auf kursächsischem Gebiet geboren sei und da der Landgraf ihm wohl auch nicht dauernd habe zuwider sein mögen, sei der Handel zustande gekommen, was ihn besonders freue, weil Landgraf Moritz sich bekanntlich einbilde, mehr zu wissen und zu können als andere Leute und an seinem Hofe besonders gelehrt und neumodisch eingerichtet sei. Er bekomme zuletzt immer, was er wolle, sagte der Kurfürst behaglich, und zwar ohne sich zu rühren.»[58]

Schütz, dem zwar unmittelbar keine Möglichkeit gegeben war, in diese Auseinandersetzung einzugreifen, ließ jedoch in einem Schreiben an Landgraf Moritz vom 16. Dezember 1616 keine Zweifel aufkommen, auf welcher Seite seine Sympathien lagen; zu diesem Zeitpunkt – dem wohl entscheidenden des ungemein gut dokumentierten Konfliktes[59] – konnte

Kurfürst
Johann Georg I.
von Sachsen
(1585–1656)

er noch annehmen, daß sein Aufenthalt in Dresden nur, wie ehedem vereinbart, ein vorübergehender sein würde. Nicht nur hohle Floskeln von Devotion dürften es sein, wenn Schütz berichtet, daß ihm der Befehl Moritz', nach Kassel zurückzukommen, eine *besondere grosse freude*[60] gewesen sei. Zwar bemühe er sich um eine baldige Rückkehr, doch *haben aber Ihr[e] Churf.[ürstlichen] Gn.[aden] zu Sachsen mir gnedigst dahin andeutten lassen, das bis auf fernere E.[urer] F.[ürstlichen] Gn.[aden] gnedige resolution, ich mich keiner Dimission [Entlassung] zu versehen haben solte. [...] Mache mir aber keinen zweiffel es werden Ihr Churf. Gn. nach verflissung der Festage sich gnedigst gefallen lassen, das diesem E. F. Gn. beschehenen befelch ich untterthenige folge leisten, undt zum förderlichsten mich zu Cassel einstellen möge.*[61]

31

Vertraut man nur ein wenig den Bildern, wie sie Überlieferung und Geschichtswissenschaft von Landgraf Moritz und Kurfürst Johann Georg I. entwerfen, so kann es kaum verwundern, wenn Schütz sich eher zu dem kunstsinnigen, vielleicht auch schöngeistigen Fürsten, den schon die Zeitgenossen «den Gelehrten» nannten und der Mitbegründer eines kaum populären «Mäßigkeitsordens» war, hingezogen fühlte, als daß er seine Musik einem Herrscher andienen sollte, der unter dem Namen «Bier-Jörge» bekannt war und der die derbe Ermunterung «Sauf, Jörge, sauf!» wohl ebensogern hörte wie beherzigte.[62] Hätte sich bei einer Anstellung in Kassel eine ungewöhnlich enge Beziehung zwischen Dienstherr und Musiker ergeben können – fast freundschaftlich schon nennt Landgraf Moritz Schütz in einem Brief dieser Jahre «Lieber Getreuer!»[63] –, so konnte doch andererseits die sächsische Hauptstadt in vermutlich ungleich reicherem Maße Anlässe und Gelegenheiten bieten, «große» Festmusiken zu entwerfen. Zweifellos entließ Landgraf Moritz Heinrich Schütz, den er nunmehr seit fast zwei Jahrzehnten protegiert hatte, nur ungern. Das vielleicht entscheidende Motiv klingt in seinem Brief vom 16. Januar 1617 an den sächsischen Kurfürsten an, wenn er resignierend feststellt: «Und ob mir wohl etwas schwer eingehet, daß ich ihn [Schütz] ganz quittieren und zu derjenigen Intention, dazu ich seine Person auferziehen und anführen lassen, entrathen soll, so ist und soll mich doch viel lieber sein, E.[uer] L.[iebden] guten beständigen Favor und Affection [Gunst und Neigung] durch diese Einwilligung mich zu versehen und meines privati halber, daran den geringsten Mangel nicht erscheinen zu lassen.»[64]

Doch auch Landgraf Moritz dürfte erkannt haben, daß die Übernahme einer Stelle als Hofkapellmeister in Dresden für Heinrich Schütz zugleich eine Auszeichnung wie musikalisch attraktiv war. So berichtet Martin

Dresden vor dem Dreißigjährigen Krieg. Reproduktion von Otto Richter nach einem Stich von Matthäus Merian, 1898

Geier in seinem Nekrolog, daß Schütz «dieses hohe Begeben nicht abgeschlagen/ sondern vielmehr/ daferne er von Ihre Gnaden den Herrn Landgraffen loß kommen könte/ die Gelegenheit in unterthänigkeit acceptiret, solch sein anständiges Glück nun hat Ihre Fürstl. Gnaden der Herr Landgraff ihm auch nicht mißgönnet/ sondern auff Zuschrifft höchst gedachter Ihrer Churfürstl. Durchl. ihm gar gerne mit Verehrung einer Ketten und Bildnüs und sonderbaren gnädigen Abschieds-Worten dimittiret.»[65]

Schütz selbst scheint die Anstellung in Dresden schon deshalb begrüßt zu haben, da nun – endlich! – eine berufliche Position gewonnen war, die auch die Familie zufriedenstellen mußte. Es war wohl nicht nur Höflichkeit, wenn er zurückblickend versicherte, daß, als ihm die Leitung der Dresdner Hofkapelle angeboten wurde, *meine Eltern undt Anverwandten nebenst mir den unwandelbahren Willen Gottes mit meiner Person augenscheinlich verspüret, und hierdurch meinen umbschweiffenden gedancken ein Ziel gestecket, und Ich veranlasset worden binn, die mir angetragene Ehrliche condition [Stellung] nicht abzuschlagen, sondern mit unterthänigster Danksagung anzunemen, und demselbigen nach meinem besten fleis vorzustehen, anzugeloben.*[66]

Die erste größere Aufgabe, die Schütz übertragen wurde, war die musikalische Ausgestaltung des Besuches von Kaiser Matthias im Sommer 1617. In einer umfangreichen «Verordnung wie es uf sonderbahren Befehlich des Churfürsten zu Sachßen und Burggrafen zu Magdeburgk, unsers gnädigsten Herrn, bey Anwesenheit der Römischen Kayserlichen Majestät, Königlicher Würde zu Böheimb und Erzherzogs Maximiliani zu Österreich mit Seiner Churfürstlichen Gnaden Musica anzustellen und zu halten»[67], sind Anweisungen für Tafel, Tanz- und Kirchenmusik zusammengestellt. Dabei erlauben Herkunft und Zahl der teilweise namentlich aufgeführten Musikanten Rückschlüsse auf die Struktur der Dresdner Hofkapelle jener Jahre, die möglicherweise auch aufgrund von Verbindungen Schütz' durch Mitglieder anderer fürstlicher Ensembles verstärkt wurde. Oft sind die Ausführungen weniger detailliert als von dem unverkennbaren Bestreben nach Repräsentation getragen: «Nicht viel großes Wesens sondern liebliche Music machen laßen uf unterschiedene Manieren, damit abwechßeln, und es allenthalben also anstellen, damit Seine Churfürstlichen Gnaden Ruhm und Ehre davon haben mögen.»[68] Heinrich Schütz wird mit beinahe denselben Worten am Ende der Verordnung des Oberhofmarschallamtes noch einmal persönlich verpflichtet, daß er «allen möglichen Vleiß fürwenden» möge, «bey den Frembden»[69] die besten Ein-

drücke zu hinterlassen. Mit Musik, aber auch mit den Musikern konnte und wollte man prunken.

Obwohl die Feierlichkeiten gut dokumentiert sind, lassen sich die aufgeführten Musikstücke nur teilweise noch ermitteln. Das vielleicht interessanteste der für den kaiserlichen Besuch verfertigten Musikstücke, das hätte zeigen können, wie Schütz in diesen Jahren die Erfahrungen seiner italienischen Madrigalkompositionen bei der Vertonung deutscher, zudem selbst verfaßter Dichtungen umsetzte, ist, was die Noten betrifft, verlorengegangen. Der Inhalt des allegorischen Spieles, dessen Text in einer alle Widmungen und Grußadressen des Besuches zusammenstellenden Druckschrift enthalten ist[70], wird bereits durch den ausführlichen Titel hinreichend beschrieben:

> *Wunderlich translocation*
> *Des Weitberühmb-*
> *ten vnd fürtrefflichen Berges Parnassi/*
> *vnd seiner Neun Göttin/ mit jhren Groß-*
> *fürsten vnd Praesidenten Apolline/ Welche von den*
> *vnsterblichen Göttern/ Ihr käyser- und königliche*
> *Majestät auch Ertzherzogliche Durchleuchtigkeit zuem-*
> *pfangen vnd zu ehren in die Wolverwarte Hauptvestung*
> *Dreßden ablegirt worden sein/ Inmassen*
> *sie solches selbst nach folgender*
> *weiß referiren.*[71]

Zur musikalischen Gestaltung finden sich im Libretto nur wenige Hinweise, etwa der, daß Ensembles und Sologesänge der Musen einander abgewechselt haben; ferner dürfen einige Ballett- und beschließende Chorteile vermutet werden.

Etliche kirchenmusikalische Werke hatte Schütz für ein zweites großes Ereignis dieses Jahres zu schreiben, zur Hundertjahrfeier der Reformation, der man mit großem Aufwand im Herbst 1617 gedachte. Der Oberhofprediger Hoe von Hoenegg hat die Feierlichkeiten sehr detailliert beschrieben: «Den 31. Okt. war der erste Festtag, wurden nach 6 Uhr früh etliche große Geschütz losgebrennet und geschahen sonderliche Freudenschüsse, wie an hohen Festen allhie gebräuchlich; selbigen Tages sowohl den 1. und 2. Nov. hat man vor und nach Mittag neben herrlicher Musica Predigten gehalten. Und nachdem zuvörderist in der Schloßkirchen die Musik sehr herrlich, köstlich und ansehnlich gewesen, so hab' ich nicht unterlassen wollen, um künftiger Nachrichtung willen und auch zum stetswährenden Gedächtnis vollkömlich hieher zu setzen, was für Messen, Concert und Psalmen, auch wie und welchergestalt dieselben musicieret worden.»[72]

Von Hoenegg beschreibt nachfolgend minuziös den Verlauf des Festgottesdienstes. Einige der von ihm genannten Psalmkompositionen, die im Gottesdienst der Dresdner Hofkirche der ersten Hälfte des 17. Jahrhunderts die De-tempore-Teile häufig vertraten[73], lassen sich in dem nur wenig später erschienenen Sammelband der *Psalmen Davids* von Heinrich Schütz nachweisen, so mindestens die Psalmen 98 und 100, *Singet dem Herrn ein neues Lied* und *Jauchzet dem Herren* (SWV 35 u. 36)[74]. Auch die Besetzung der Hofkapelle wird differenziert wiedergegeben: «Obgesetzte Musik ist von des Kurfürsten zu Sachsen, unsers gnädigsten Herrn bestellten Musicis als nämlich: von 11 Instrumentisten, 11 Cantoribus, 3 Organisten, 4 Lautenisten, 1 Theorbisten*, 3 Organistenknaben, 5 Discantisten mit Abwechselung allerlei Sorten von herrlichen Instrumenten mit zweien Orgelwerken, 2 Regalen, 3 Clavicymbeln, nebst 18 Trompetern und zweien Heerpauken feierlich gehalten und ausgeführt worden unter der Leitung von Heinrich Schütz.»[75] Dabei dürfte die auffällig große Zahl von Continuospielern, die von Hoenegg auflistet, insbesondere bei einer Vertonung des «100. Psalm, Jubilate Deo, als ein Intermedium zwischen den Trompeten à 5 Choris» und einem «Magnificat mit 6 Choris»[76] zum Einsatz gekommen sein.

Eine Vorstellung solch mehrchörigen Musizierens vermittelt ein Kupferstich, den David Conrad dem «Geistreichen Gesangbuch» von Christoph Bernhard (1676) voranstellte und der Schütz im Kreise seiner Hofkapelle zeigt. Dieses «Kupfer-Titul» der Liedsammlung ist, wie ein beigefügter Text offenbart, zugleich eine Illustration des Psalms 150, dessen erster Vers in der Schlußzeile anklingt:

«SEht hier das GOttes-Hauß des Königs untern Sachsen/
Des Rauten Davids/ an/ wie seine Zier erwachsen/
durch Kosten/ Kunst und Fleiß! Seht selbst den David (1) stehn/
und seinem Assaph (2) vohr – zur Andachts Folge – gehn.

Hört/ wie die Sänger-Köhr' (3) im Heiligthum GOTT loben;
und wie das Engel-Volk (4) in seiner Macht-Fäst' oben/
des HErren Ruhm erhöht; wie seine Tahten (5) Ihn/
in seiner Herrlichkeit/ (6) mit Lob-Getöhn umzühn.

Hört der Posaunen Hall (7) des Harffen-Psalters (8) Schweiffen/
der Pauk- und Reygen (9) Lob/ den Ruhm der Säit- und Pfeiffen (10)
der Zimbeln (11)/ Lispel-Spiel/ das wohl- und lieblich klingt;
Ja/ was nuhr Odem hat (12) Ihm/ Halleluja! singt.»[77]

Die Zahlen, die im Text auf Einzelheiten der Darstellung verweisen, sind auf Reproduktionen des Bildes nur mühsam zu identifizieren. Ohne Schwierigkeiten auszumachen sind lediglich die (mehrfache) Ziffer «3», die die Sänger rund um Notenpult und Kapellmeister bezeichnet, sowie

---

* Theorbe = Baßlaute

die «5» und «6» unterhalb der Tafelbilder auf den Emporen, die vom Heilsgeschehen des Alten und Neuen Testaments künden. Die «4», die auf die Engel-Chöre hinweist, findet sich häufig auf den Rippen des Schleifengewölbes. Leicht ist auch David mit der Harfe im Zentrum des Bildes zu erkennen (die «1» befindet sich auf der Plinthe der Säule rechts neben ihm), die «2» des Assaph dagegen kann nur im Original auf dem Schulterumhang des Kapellmeisters, der unverkennbar die Züge von Heinrich Schütz trägt, ausgemacht werden.[78] Gerade dieses Synonym – in einem Buch des Alten Testaments bezeichnet Assaph den Anführer einer Sängergruppe im Gefolge König Davids (1. Chronik 15, 17 u. 16, 7) – ver-

Heinrich Schütz und seine Hofkapelle in der Dresdner Schloßkirche.
Kupferstich von David Conrad aus dem «Geistreichen Gesangbuch»
von Christoph Bernhard, um 1676

wandte auch Georg Weiße in seinem Nachruf auf Heinrich Schütz nur wenige Jahre vor dem Erscheinungsdatum des Gesangbuches.[79]

Die Posaunen (7) sind auf der rechten, zwei Harfenisten (8) auf der Empore oberhalb des Altars zu finden. Eben auf dieser mittleren Brüstung stehen links die Pauken- und Triangelspieler (9), oberhalb von ihnen Streicher (10) und ihnen gegenüber, unterhalb der Posaunen, Glockenspieler (11); die Orgel schließlich trägt auf dem obersten Sims des Gehäuses, der das Gewölbe schon berührt, die Ziffer «12», und der assoziierte Psalmvers, als Inschrift auf Orgelprospekten nicht unüblich, steht hier zugleich für das Bindeglied zwischen «himmlischen» Chören der Engel und der Hofkapelle: Der Kupferstich ist Allegorie und Dokument von Aufführungspraxis zugleich.

Ein solches Musizieren mit verschiedenen, räumliche Gegebenheiten ausnutzenden Chor- und Instrumentalgruppen, die teilweise solistisch besetzt waren, beschreibt Schütz selbst mit zahlreichen Differenzierungen in der Vorrede seiner *Psalmen Davids,* einer Sammlung von 26 mehrchörigen Kompositionen, die 1619 als Opus 2 im Druck erschienen. Schütz, der dies erste in seiner Dresdner Amtszeit erschienene Werk seinem Dienstherrn Johann Georg I. zueignete, verwies in der Widmung noch einmal auf seine venezianische Lehrzeit, wo solcherart alternierendes Musizieren schon Tradition hatte: *Vnnd demnach ich vor diesem etzliche Teutsche Psalmen auff Italienische Manier/ zu welcher ich von meinem lieben vnd in aller Welt hochberühmten Praeceptore Herrn Johan Gabrieln/ so lange in Italia ich mich bey jhme auffgehalten/ mit fleiß angeführet worden/ componiret/ dieselben auch auff instendiges anhalten etzlicher vornehmer Leute in öffentlichen Druck zu geben mir fürgenommen.*[80]

Die Psalmvertonungen, die Schütz *sampt etlichen Moteten vnd Concerten* als Ausweis seiner kompositorischen Tätigkeit nach seiner Rückkehr aus Italien publizierte, zeigen in manchen kompositionstechnischen Strukturen den Einfluß des venezianischen Lehrers, lösen sich jedoch sowohl in bezug auf eine intensive Textauslegung als auch in ihrer dramaturgischen Konzeption von Vorbildern Gabrielis. War diesem zunächst noch die Architektonik, die formale Konzeption bei Vertonungen von Psalmen ein Anliegen, so bemühte sich Schütz nunmehr in verstärktem Maße um die Deutung der Texte.

Dabei kalkuliert Schütz sehr genau einige satztechnische Effekte, sorgfältig bereitet er für den Zuhörer überraschende Momente vor: Den Beginn der ersten Komposition der Sammlung etwa, des 110. Psalmes *Der Herr sprach zu meinem Herren,* der nach liturgischer Tradition die Sonntagsvesper eröffnet, setzt er im Stil einer konventionellen Motette. In paariger Imitation (Sopran–Alt, Tenor–Baß) werden die Anfangsworte in den ersten neun Takten kontrapunktisch schlicht und ohne instrumentale Füllstimmen vertont. Um so überwältigender aber wirkt danach der Einsatz des gesamten Klangapparates zur direkten Rede: «Setze dich zu meiner Rechten!» Gegenüber dem erzählenden, eher nüchtern referierenden Eingangsvers gewinnen so die Worte des Herrn eine Präsenz, die auch sinnlich direkter, weit weniger vermittelt erscheint.

Ein zweites Mal verwendet Schütz dieses Mittel klanglicher Aufgipfelung, nachdem er einige Psalmverse im Wechsel der Chorgruppen durchgeführt hat. Wieder nimmt er zunächst die Besetzung zurück («Deine Kinder werden dir geboren, wie der Tau aus der Morgenröte»; vierstimmig), um mit der Summe aller Mitwirkenden den folgenden Worten – «Der Herrn hat geschworen und wird ihn nicht gereuen» – größeren Nachdruck zu verleihen. Konnte anfangs noch der Wechsel der Besetzung Überraschung bewirken, so disponiert Schütz mit einer akkordischen Rezitation im Tutti ein zweites Steigerungsmoment: Ein Text wird weniger kompositorisch umgesetzt als vielmehr Sprache musikalisch organisiert, vielstimmiges und doch gemeinsames Rufen einer Masse eindringlich gespiegelt.

Frühere Beispiele dieses kompositionstechnischen Verfahrens lassen sich mühelos in einigen Werken nachweisen, die Schütz bei seinem Italien-Aufenthalt kennengelernt haben dürfte, und naheliegend ist auch hier der Verweis auf einige Psalmen in Claudio Monteverdis «Marienvesper». Schütz verwendet diese «falso bordone»-Technik jedoch nicht nur als kompositionstechnisches Mittel, sondern auch mit Bezug auf den Kontext, um einzelne Aussagen des Textes stärker zu akzentuieren. Aufführungspraktische Probleme solcher in Deutschland bis dahin eher ungebräuchlicher Passagen ahnend, suchte Schütz in einem Vorwort Hinweise zu geben: *Weil ich auch gegenwertige meine Psalmen in stylo recitativo, (welcher bis Dato in Teutschland fast vnbekandt) gestellet/ wie sich dann zu composition der Psalmen/ meines erachtens fast keine bessere art schikket/ dann daß man wegen menge der Wort ohne vielfältige repetitiones jmmer fort recitire, als gelanget an die jenigen/ welche dieses modi keine Wissenschaft haben/ mein freundlich bitten/ sie wollen in Anstellung berührter meiner Psalmen sich im Tact ja nicht vbereyelen/ sondern der gestalt das mittel halten/ damit die Wort von den Sängern verständlich recitirt vnd vernommen werden mögen. Im widrigen fall wird eine sehr vnangenehme Harmoney vnd anders nicht als eine Battaglia di Mosche, oder Fliegenkrieg darauß entstehen/ der intention deß Authoris zu wider.*[81]

In derselben Vertonung des 110. Psalmes verwendet Schütz dynamische Kontraste quasi auch in umgekehrter Richtung. Schnell wechselnde, rhythmisch intensive Wiederholungen einzelner Textteile («er wird zuschmeißen die Könige»; «er wird große Schlacht tun») illustrieren im Gegeneinander verschiedener Chöre Kampf und Konflikt. Die jeweils folgenden Verse («Er wird richten unter den Heiden»; «Er wird trinken aus dem Bache auf dem Wege») erklingen in äußerst schlichtem vierstimmigem Satz nur eines Chores. Mit der Reduzierung der Besetzung gelingt es Schütz, immer neue Aufmerksamkeit zu wecken. Zugleich gewinnt er so die Möglichkeit, die abschließende Doxologie* wieder kontrastierend, mit reicherem Instrumentarium einsetzen zu lassen.

Nicht nur wechseln also in diesen großbesetzten Psalmvertonungen verschiedene Chöre im Vortrag der Verse ab und vereinen sich bei textlich signifikanten Stellen, sondern ganz und gar unschematisch wird jeder Psalm individuell interpretiert, einige sogar mehrfach. Die teilweise minuziöse Ausdeutung einzelner Worte – ähnlich dem an Madrigalen zu beobachtenden Verfahren – wird ergänzt durch eine genau kalkulierte Klangdramaturgie. Die sorgfältige Beachtung des textlichen Details führt jedoch nicht zu einer Zersplitterung der musikalischen Form; interessante Effekte werden nicht nur aneinandergereiht, sondern in einer wohlproportionierten Architektonik aufgehoben.

Großformale Konzepte, die Schütz an Kirchenkompositionen Gabrielis studieren konnte, mit dem Prinzip möglichst eindringlicher Textdeutung vermittelt zu haben dürfte den kompositorischen Rang wie den musikgeschichtlichen Stellenwert dieser *Psalmen Davids* bezeichnen. Michael Praetorius, der im zweiten Jahrzehnt des 17. Jahrhunderts häufig mit Schütz zusammenarbeitete und dabei einige dieser vermutlich schon seit 1612/13 konzipierten *Psalmen Davids* kennenlernen konnte, bezieht sich in einem Passus des dritten Bandes seines 1619 erschienenen «Syntagma musicum» möglicherweise gerade auf Schütz' Kompositionen, wenn er über den gegenwärtigen Stand der Musik schreibt: «Dieweil die Music so gar hoch gestiegen/ daß numehr vortreffliche Musici auch in Germania nostra patria gefunden werden/ welche nicht allein gar herrli-

---

* Doxologie = Schlußformel eines Psalms («Ehre sei dem Vater»)

Michael Praetorius (1571–1621)

che liebliche deutsche vnnd Lateinische Concert vnd Cantiones [Gesänge] in öffentlichem druck herfür kommen lassen/ besondern auch selbsten solche vnd dergleichen Concert per Choros besser anzuordnen vnd dirigiren wissen/ als ich es nach meiner wenigkeit vorschreiben oder an den Tag geben kan.»[82]

Zu Beginn des Jahres 1619, während Schütz die Publikation des Sammelbandes mit diesen mehrchörigen Psalmvertonungen vorbereitete, unternahm Landgraf Moritz einen letzten Versuch, seinen ehemaligen Kapellknaben, Stipendiaten und Hoforganisten zurückzugewinnen, zumal kurz zuvor sein langjähriger Kapellmeister Georg Otto verstorben war. So schrieb er am 11. Januar 1619 an Johann Georg I.: «Was wir aber bei unser music oder sonsten dieser Oerter jetzt niemand, dessen wir uns hierzu füglich gebrauchen möchten, ausfindig machen können, also werden wir gemüßigt, E. L. (Inmaßen hiermit aufs fleissigste und emsigste geschieht) freundlich zu ersuchen, Sie [...] unsern gewesenen Alumnen Heinrich Schützen zu damahliger Gelegenheit aus freundvetterlicher affection überlassen, Sie uns denselben nunmehr und weil E. L. mit andern seines Gleichen seitdem Zweiffels ohne genugsam versehen sein werden, wiederumb und zu angedeutetem Ende zukommen lassen wolle.»[83]

Da jedoch auch der Dresdner Hofkapellmeister Rogier Michael zu diesem Zeitpunkt schwer erkrankt war – er starb noch im selben Jahr –, zudem Johann Georg I. mit den Diensten von Schütz alles andere als unzufrieden war, antwortete er nur wenige Tage später, am 25. Januar 1619, unumwunden: «Es werden aber Dieselben sich sonder Zweiffel erinnern, aus was Ursachen wir bei E. L. umb seine, Schützens gänzliche Überlassung vor dessen an und solche endlich zu sonderbarer unserer satisfaction bei ihr erhalten, haben ihn auch darauf dermaßen in unsere Bestallung beständig angenommen, mit allerhand Bequemlichkeit versehen und die Direction unsers ganzen Chori musici anbevohlen und vertrauet, darbei er sich denn also bisher erwiesen, das wir mit ihm in Gnaden wohl zufrieden sein können, und sehen wir daher nicht, weil wir mit dergleichen Subjectis unter unsern in dieser profession bestalleten nicht versehen, wie wir uns seiner ohne Schaden unserer Music begeben oder ihn wieder dimittieren können, zumal da auch unser alter voriger Capellmeister nunmehr eines solchen hohen Alters und ohne Leibeskräften dermaßen unvermögend und wir ihn weder in der Kirch noch vor der Tafel zum Dienste mehr zu gebrauchen wissen.»[84]

Es ist fraglich, ob Schütz seinerseits zu diesem Zeitpunkt noch ernsthaft erwog, wieder nach Kassel zurückzukehren. Mit der Musik stand es dort keineswegs mehr zum besten, konnte doch der künstlerisch ambitionierte, politisch und ökonomisch aber eher glücklos handelnde Landgraf die Ausgaben für die Hofkapelle kaum mehr gegen Anfechtungen verteidigen. So war 1616 ihre Auflösung fast schon beschlossen: «Mit der Music (basta!), ist zwar meine eintzige recreation gewesen; aber sie muß und soll fort [...] die instrumenta musicalia haben ziemlichs gekostet; comburantur [sie mögen verbrannt werden] oder möchten den abgangen musici, geld daraus zu machen, geschenkt werden. könte man den alten Capelmeister [Georg Otto] und Victorn [der Lautenist Montbuysson] zu diensten uf dem lande oder in der Stadt helfen, möchte ich es inen ihrer treu halber gnadig gönnen.»[85] Unter diesen Umständen mutet der Brief des hessischen Landgrafen an Johann Georg I. beinahe wie ein letzter Versuch an, mit einem Engagement von Schütz, einem inzwischen renommierten Musiker, die Hofkapelle noch einmal neu zu organisieren. Schütz selbst mußte eine solche Perspektive nun, da er eine leitende Funktion an einem der bedeutendsten Höfe Mitteleuropas innehatte und sich vorteilhafte Perspektiven für die weitere Arbeit in Dresden abzeichneten, wenig verlockend erscheinen. Schon bald nach dem Ausbruch des Dreißigjährigen Krieges sah Landgraf Moritz sich und sein Land durch politisches Lavieren und militärische Mißerfolge in einer fatalen Lage; 1627 mußte er schließlich abdanken.

Doch auch aus anderen Gründen zog es Heinrich Schütz vorerst nicht fort: «Nachdem nun er Herr Schütze sich nacher Dreßden gewendet/ mit seinen guten Qvalitäten und statlichen Wissenschafften bey seiner gnädigsten Herrschafft und männiglichen viel Gnade/ Liebe und Affection erworben/ GOTTES gnadenreichen Beystand in seinen Fürnehmen/ und daß durch dessen Gnade alles zu accrescirung [Vermehrung] seiner Wohlfarth sich dieses Orts wohlgefüget/ mit danckbaren Hertzen verspühret/ hat er seinen Statum allhier desto besser ein zu richten/ auff eine ihm anständige Heyrath gedacht.»[86] Ausgesprochen langwierig fügt Martin Geier nun noch allerhand Umstände an, die bedacht, und Personen, die befragt sein wollten, bevor Schütz Magdalene Wildeck, «des Churfl. Sächs. Land- und Tranck-Steuer Buchhalters/ des weiland Edlen und

Hochbenahmten Herrn Christian Wildecks Seel. vielgeliebtesten Tochter»[87] am 1. Juni 1619 zur Frau nehmen konnte. Schütz band sich damit familiär und dienstlich zugleich an Dresden, so daß Johann Georg I. weitere Gründe hatte, die jüngste Anfrage von Landgraf Moritz abzulehnen: «Zu dem hat auch erwähnter Schütz auf unser selbst vielfältiges Ermahnen sich in eine Heirath allhier eingelassen, da er sich denn wegen seiner zukünftigen Vertrauten Aeltern und Freunde dahin verpflichten müssen, von diesem Ort und aus diesem unsern Dienst sich nicht zu wenden, sondern in demselben zu continuiren und zu verharren. Wenn denn aus dem Allen E. L. zur Genüge vernehmen und wir sein Schützens nicht zu entrathen, es auch dessen Person halber so bewendt, daß er nunmehr allhier stark angebunden, Also bitten wir ganz freundlich, Sie wollen daß wir Ihrem Such nicht statt thun mögen uns in Ungutem nicht verdenken.»[88]

Wie eng Schütz private und berufliche Angelegenheiten miteinander verflocht, zeigt das Datum der Widmung seiner *Psalmen Davids*, das zugleich das des Hochzeitstages war. In diesem Band mit Psalmvertonungen fanden die gelungensten Kompositionen seit der Zeit seiner Rückkehr aus Italien Aufnahme. Von langer Hand vorbereitet und versehen mit einem kurfürstlichen Druckprivileg, das – gleich für mehrere, vielleicht erst konzipierte Werke beantragt[89] – für die nächsten acht Jahre fremde Nachdrucke untersagte, machte die Veröffentlichung dieser groß besetzten Psalm-Kompositionen gerade an seinem Hochzeitstag doppelt und unübersehbar deutlich: Heinrich Schütz etablierte sich.

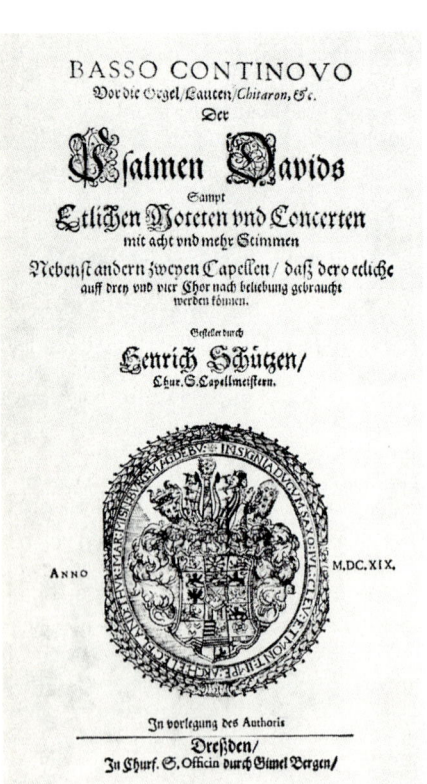

«Psalmen Davids»
von Heinrich Schütz.
Titelblatt der Continuo-Stimme, 1619

Hofmusik organisieren

Um seine Mithilfe beim Aufbau einer Kapelle am Wolfenbütteler Hof gebeten, fertigte Schütz 1645 einen differenzierten Fragenkatalog an, der eine Vorstellung von der Vielzahl der Verpflichtungen eines Hofkapellmeisters gibt. Mittels der von Schütz aufgestellten Kategorien für Musik und Ausführende ist es möglich, auch ein Bild von der Hofkapelle im Dresden der Jahre um 1620 zu gewinnen.

Die Punct dero wegen ich umb etwas genauere Nachrichtung unterthänig zu bitten habe.

1.
Wegen der Companey der Instrumentisten
1. wie stark dieselbige sein solle
2. was Instrument sie gebrauchen sollen
3. woraus dann zu schliessen sein wird was Oberinstrumentist von nöthen thue.

2.
Wegen der Companey der Sänger
1. von wie viel Personen
2. von den Discantisten, Knaben, Falsettisten und Eunuchen
3. was für Sprache die Vocalmusik sich gebrauchen soll.

3.
Vom Gebrauch der Geistlichen Musik
1. bei der Tafel
2. bei den Predigten
3. bei einem principal-absonderlichen Musikalischen Gottesdienst in der Kirchen.

4.
Wegen der Weltlichen Tafelmusik.

5.
Wegen der Weltlichen Academischen und Theatralischen Musik.

6.
Von dem Ort zu Musiciren in der Kirchen
1. von dem Chor in der Schlosskirchen
2. von dem Chor in der Stadtkirchen.

7.
Von Beihandenschaffung allerhand nothwendigen Instrumenten
1. einem Zimmer darzue woselbst auch das tägliche Exercitium geschehen kann
2. deroselben Inspection und Verantwortung.[90]

Schütz denkt ungemein praxisbezogen, versucht mit der Frage nach der Anzahl der Instrumentalisten und Sänger implizit zu erkunden, wie hoch die finanziellen Aufwendungen für die Verpflichtung von Musikern sein dürfen, und damit zugleich, welcher Stellenwert der Musik zukommen wird. Dann erst listet er einige musikalische Gattungen auf, gestaffelt wiederum nach den zur Verfügung stehenden Mitteln: Geistliche Musik *bei der Tafel,* also in kleinerem Rahmen, bedarf weniger Ausführender als die gottesdienstliche Musik, zumal bei *principal-absonderlichen*, festlichen Anlässen. Ähnlich gegliedert ist die *weltliche* Musik; auch hier steht die gering besetzte Tafelmusik am Anfang, und je nachdem, was man aufzuwenden bereit ist, können dann *academische* (konzertante) sowie schließlich *theatralische* Musiken, also Ballette und Opern aufgeführt werden. In gleicher Weise bestimmen beim 6. Punkt materielle Vorgaben die Möglichkeiten der Ausführung, und der letzte Fragenkomplex bringt einige nicht unwesentliche Rahmenbedingungen zur Sprache.

Überblickt man nun die Werke, die aus diesem ersten Jahrzehnt seiner Kapellmeistertätigkeit überliefert sind, so wird man sie leicht den einzelnen Punkten zuordnen können. Alle Gattungen sind vertreten: *Cantiones sacrae* als klein besetzte Andachtsmusik; biblische Dialoge und Historienkompositionen sowie weitere Psalmkompositionen für den Gottesdienst; schließlich einige herausragende Einzelwerke, geschrieben für besondere Anlässe. Zahlreiche Glückwunsch- und Huldigungsmusiken zeigen, daß das Amt des Hofkapellmeisters nicht auf kirchenmusikalische Aufgaben beschränkt war, und die Nachricht aus dem Jahre 1627 von der Aufführung eines Werks mit dem Titel *Dafne,* das gemeinhin als erste deutsche Oper angesehen wird, belegt, daß Schütz auch *theatralische* Kompositionen nicht ausließ. Was fehlt, sind *academische* Werke von Schütz' Hand, sofern man dabei an instrumentale Kompositionen denkt, konzertante Musik etwa oder gar virtuose Kabinettstücke[91].

Das Dresdner Schloß zu Schützens Zeit. Kupferstich aus Anton Weck, «Der Residentz- und Haupt-Vestung Dresden Beschreib- und Vorstellung», 1680

(Schütz selbst berichtet allerdings 1642 von *opera Musicalia,* die er *ohne Text componirt*[92] habe, von denen jedoch keines überliefert ist.)

Kompositionen für Gottesdienst und staatliche Repräsentation zu schreiben war jedoch nur ein Teil der Aufgaben eines Kapellmeisters, dem die Oberaufsicht über die gesamte Musik am Hofe oblag. Für die vielfältigen Gelegenheiten, bei denen man Musik benötigte, hatte er geeignete, nicht notwendig selbstverfertigte Werke bereitzuhalten. Vorbereitung und Einstudierung verschiedener Musikstücke, Unterrichtung der Mitglieder der Kapelle wie gegebenenfalls Engagement zusätzlicher Instrumentalisten bei besonderen Festlichkeiten forderten auch organisatorische Talente des Hofkapellmeisters, der zudem häufig genug die Interessen der Hofmusiker gegenüber dem Herrscher zu vertreten hatte.

Etliche Eingaben von Schütz befassen sich mit der sozialen Situation «seiner» Musiker, er hatte zu vermitteln und ausstehende Honorare anzumahnen. Daneben finden sich Schriftstücke, in denen er sich um Freistellung und Stipendien für die Weiterbildung von Kapellknaben bemüht.[93]

Daß ihm, dem siebten Punkt seines Fragenkataloges gemäß, auch die Ausrüstung seiner Instrumentalisten nicht gleichgültig war, belegt sein Schreiben vom 3. Juli 1621 an den kurfürstlichen Kammersekretär. Um dem Verwaltungsangestellten die Relevanz seines Anliegens zu verdeutlichen, bedient er sich eines Vergleichs, der durchaus Rückschlüsse auf den Stellenwert der Musik am Dresdner Hof zuläßt: ihm und seinen *mittvorwandten in vnser profession* sei *nicht weniger an gueten saiten, als etwa einen soldaten an ein bar gueten pistol oder andern wehren gelegen.*[94]

Solcherart vielfältig beschäftigt, fand Schütz dennoch Zeit, auch für Feierlichkeiten im Familien- und Freundeskreis großangelegte Kompositionen zu verfassen. So schrieb er für die Hochzeit des «Hoff- und des Obern Consistorij Rath» Dr. Joseph Avenarius mit Dorothea Börlitz am 21. April 1618 ein doppelchöriges Concerto, und nur wenig später hatte er eine Festmusik für den *hochzeitlichen Ehrentag* des *hochgelahrten Herrn Michael Thomae/ der Rechten Doctorn*[95] am 15. Juni 1618 zu komponieren, die der Auftraggeber gar dreichörig konzipiert wünschte. Noch drei weitere Hochzeitsstücke stammen aus dieser Zeit: Sind Anlaß und Umstände für die Komposition der Konzerte *Freue dich des Weibes deiner Jugend* (SWV 453) sowie *Saget den Gästen* (SWV 459) unklar, so widmete Schütz eine Vertonung des Psalms 133 *Siehe wie fein und lieblich ists, daß Brüder einträchtig beieinander wohnen* (SWV 48) seinem *freundlichen vnd vielgeliebten Brudern* Georg *aus besonderer Brüderlicher affection vnd freundlicher Glückwünschung*[96] als *Hochzeitliche Ehrenfrewde* zum 9. August 1619.

Kompositionstechnisch ist bei allen fünf dieser mehrchörigen Hochzeitsmusiken eine enge Verbindung zu den *Psalmen Davids* festzustellen, die auch aus der Zueignung des für den Bruder geschriebenen Stückes hervorgeht:
Mit lieblich tönender Melodie habe ich mehrere Psalmen gesungen,
Und Deutschland soll sie als Geschenk haben.
Dieser hier gehört dir allein, mein Bruder.[97]
Gerade dieses letzte Hochzeitskonzert weist eine ausgeprägte, motivisch verdichtete Behandlung der Instrumentalstimmen aus, die es Schütz er-

möglichte, das Stück mit nur geringfügigen Änderungen in sein 1650 publiziertes Sammelwerk der *Symphoniae sacrae* (Teil III) aufzunehmen (SWV 412).

Das Prinzip alternierenden Musizierens verschiedener Chor- und Orchestergruppen findet sich neben etlichen einzeln überlieferten Psalmvertonungen auch bei einem *Syncharma musicum*, einer in Musik versetzten «Freudigen Zusammenkunft» (SWV 49), anläßlich eines Besuches Johann Georgs im Herbst 1621 in Breslau[98]. Dabei brachten die Gäste die Kompositionen, mit denen die schlesischen Stände dem sächsischen Friedensbringer als Stellvertreter Kaiser Ferdinands zu huldigen hatten, neben den Musikanten gleich mit. In einer anderen «politischen» Musik, einer Motette für ein Treffen der Kurfürsten im Oktober 1627 im thüringischen Mühlhausen (SWV 465), kombinierte Schütz zwei Chöre mit unterschiedlichen Texten dramaturgisch ebenso neuartig wie wirkungsvoll: Der erste, fünfstimmige Chor beginnt mit dem Friedensruf des lateinischen Hymnus «Da pacem, Domine». Er kann, so Schütz in der Vorrede, von *5. Violen bestellet und eine oder zwey Stimmen Submissè [leise] darzu gesungen werden.* Diesem soll der andere Chor kontrastieren, der die geistlichen und weltlichen Herren der Konferenz mit «Vivat»-Rufen begrüßt, mit vier Sängern, *welche die Wort mit feiner gratiâ aussprechen, und sonst starck singen, und kan dieser Chor Von dem ersten absonderlich gestellet werden*[99]. Der Hinweis auf die räumliche Trennung der beiden Gruppen ist ebenso wie die Bemerkung zur Dynamik für das Verständnis des Werkes essentiell. Klang die anfängliche Bitte des möglicherweise schon im Kirchenraum plazierten ersten Chores den ankommenden Gästen zunächst noch sehr entfernt und konnte mühelos von den Begrüßungsrufen übertönt werden, so durchdringt das «Da pacem» zunehmend die Akklamation der einzelnen Fürsten, bis sich am Schluß alle Ausführenden in der Friedensbitte vereinen. Das Musizieren mit verschiedenen im Raum postierten Instrumental- und Vokalgruppen wird – wie wenig später im Schlußsatz der *Musicalischen Exequien* – szenisch gedeutet.

Die Möglichkeit, mittels Musik Entwicklungen und Handlungsverläufe nachzuzeichnen, die bei der Mühlhausener Festmusik in besonderem Maße deutlich wurde, findet sich auch in früheren Kompositionen von Schütz. Stücke, die schon in der textlichen Vorlage Erzählstrukturen aufweisen, sind jedoch zunächst eher selten. Wo auch immer Schütz biblische Texte zur Vertonung vorsieht, zeigt sich eine eingehende redaktionelle Bearbeitung des Ausschnitts.

Im *Dialog vom Pharisäer und Zöllner* (SWV 444) reduziert Schütz die Gleichniserzählung des Evangeliums (Luk. 18,10–14) auf einen einführenden Satz, der die Situation beschreibt («Es gingen zweene Menschen hinauf in den Tempel, um zu beten»); es folgen die Worte der beiden handelnden Personen in direkter Rede sowie abschließend die Sentenz der kleinen Geschichte mit Worten Jesu («Ich sage euch ...»). Eine textliche Vermittlung zwischen diesen drei auch musikalisch selbständigen Sätzen fehlt, der Wechsel der Rollen ist nur aus der unterschiedlichen Besetzung zu ersehen. Die Einleitung des Evangelisten übernehmen zwei Sopranstimmen, die sich die Vorstellung der beiden Charaktere teilen; der Pharisäer artikuliert wortreiche Phrasen in Baßlage, während der Zöllner sich auf sieben kurze Einwürfe («Gott, sei mir Sünder gnädig») beschränkt. Im abschließenden Lehrsatz vereinen sich alle vier Stimmen, die Sänger legen – wie im Schlußchor einer Oper – ihre Rollen ab und ziehen selbst die sentenziöse Summe.

Nur auf die Vertonung direkter Rede beschränkt sich Schütz in seinem Osterdialog (*Dialogo Per la Pascua,* SWV 443). Das Gespräch Jesu mit Maria am Ostermorgen mit der «Noli me tangere»-Szene im Zentrum (Joh. 20, 13, 16 und 17) wird zwei Stimmpaaren zugewiesen, die den Text insbesondere mit harmonisch kühnen Wendungen ungemein plastisch umsetzen. Wenn möglicherweise das Fehlen größer besetzter, eventuell auch Instrumente einbeziehender Rahmenteile auf eine fragmentarische Überlieferung zurückzuführen ist[100], so zeichnet sich mit der Verdichtung einer textlichen Vorlage durch Selektion der entscheidenden Passagen eine Tendenz ab, die in späteren Dialogkompositionen von Schütz – etwa den um 1640 entstandenen Hohelied-Vertonungen *Ich beschwöre euch, ihr Töchter zu Jerusalem* (SWV 339) und *Stehe auf, meine Freundin* (SWV Anh. 4) sowie zahlreichen der *Symphoniae sacrae* – zu eigenständigen Textzusammenstellungen führen wird.

Die konzentrierte Form des Dialogs findet in der Historienkomposition eine mit verbindenden Texten ergänzte Form, wie umgekehrt durch die Auslassung rezitativisch-erzählender Teile und einrahmender Chorsätze die Historia zu einem dialogischen Werk verdichtet werden kann. Handschriftliche Quellen[101] der *Auferstehungshistoria* von Schütz (SWV 50), in denen nur die in direkter Rede stehenden Abschnitte aneinandergefügt werden, lassen erkennen, daß aus dem vollständigen Lesungstext die narrativen Partien ausgeschieden und die nun unvermittelten Gesprächsteile zum selbständigen Stück werden konnten. Der Komponist scheint mehr und mehr die dramaturgisch zentralen Punkte, die auch musikalisch die reizvollsten und ergiebigsten sein mußten, auszuwählen und von ihnen ausgehend ein Werk zu konzipieren. Bei der *Historia Der frölichen und Siegreichen Aufferstehung vnsers einigen Erlösers vnd Seligmachers Jesu Christi,* Schütz' Opus 3, das 1623 bei Gimel Berg in Dresden gedruckt wurde, war jedoch die Vorlage noch verbindlich. Schütz übernahm den musikalischen Grundriß von der Osterhistorie seines Vorgängers Antonio Scandello, mit der seine Version auch den Text, eine auf Johannes Bugenhagen zurückgehende «Evangelienharmonie» – eine Zusammenstellung der Ostererzählung nach Berichten aller vier Evangelisten –, gemeinsam hat.

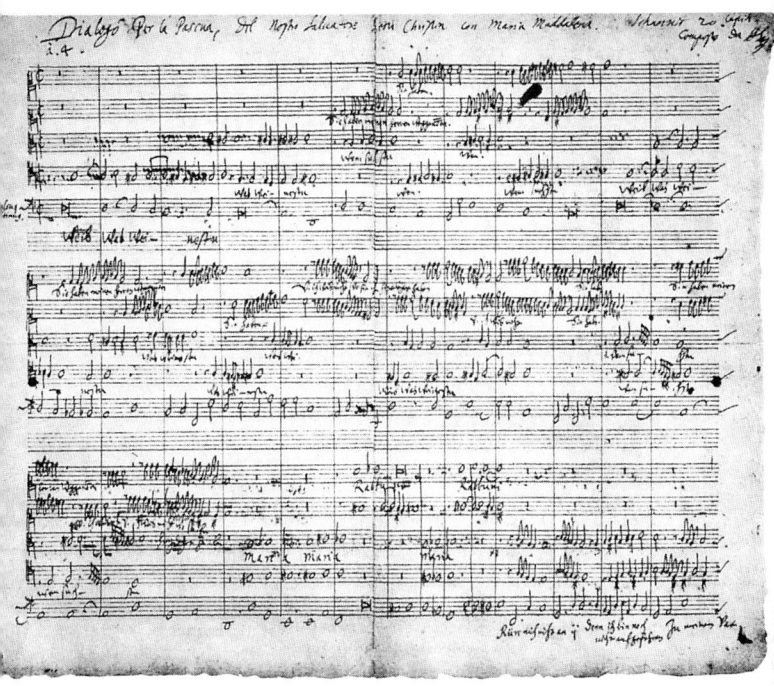

Osterdialog «Weib, was weinest Du?». Handschrift eines Kopisten,
Texteinträge von Heinrich Schütz, um 1624

Schütz' *Auferstehungshistoria* ist eher eine Neufassung der überkommenen liturgischen Vorlage, eine Aktualisierung der musikalischen Sprache, deren Elemente – unterschiedliche Stimmenzahl der Partien der Protagonisten, motettische Chorsätze, dorischer Lektionston – er von Scandellos Vertonung adaptierte. Auch die Untergliederung in drei Abschnitte, die jeweils durch reicher besetzte Chöre beschlossen werden, ist identisch: 1. «Szene»: Das Geschehen am Ostermorgen am Grab; 2. Die Emmaus-Erzählung; 3. Erscheinung des Auferstandenen in Jerusalem. Gänzlich anders gestaltet gegenüber der mehr als ein halbes Jahrhundert alten Vorlage Scandellos[102] sind jedoch nicht nur die harmonisch und satztechnisch sehr viel reicheren Duett- und Triosätze direkter Rede aller Beteiligten, sondern insbesondere auch die Partie des Evangelisten: Ist der Lektionston zwar in seiner formelhaften Grundstruktur stets konstitutiv, so verläßt ihn Schütz doch an zahlreichen Stellen, um beispielsweise Bewegungsmomente breiter nachzeichnen zu können. Das Herabsteigen des Engels vom Himmel etwa wird durch eine abwärts geführte

«Auferstehungshistoria». Ausschnitt aus dem ersten Rezitativ der Evangelisten

Tonleiter über eine Dezime hinweg bildhaft umgesetzt, und ähnlich markant spiegelt die Musik das Fortwälzen des Steins vom Eingang des Grabes.

In einer ausführlichen Vorrede unterstreicht Schütz diese Intention einer möglichst plastischen Wiedergabe des Evangelientextes, den vier Gamben, nun nicht mehr nur Continuo-Instrumente, zusätzlich illustrieren sollen: *Der Evangelist nimpt seine partey für sich, vnd recitiret dieselbe ohne einigen tact, wie es jhm bequem deuchtet, hinweg, helt auch nicht lenger auff einer Sylben, als man sonsten in gemeinen langsamen vnd verstendlichen Reden zu thun pfleget. So dürffen die Violen auch auff keinen tact, sondern nur auff die Wort, welche der Evangelist recitiret, vnd in jhren parteijen vnter den falsobordon [Rezitationston] geschrieben seynd, achtung geben, so kan man nicht irren, Es mag auch etwa eine Viola vnter den hauffen passegiren [Durchgänge spielen], wie im falsobordon gebreuchlichen ist, vnd einen guten effect gibt.*[103]

Auch die Partien der Einzelsänger scheint Schütz fast nur der Konvention nach, Scandellos Vorlage entsprechend, mehrstimmig gestaltet zu haben. Das wenig Natürliche – das eben darum für die Vertonung insbesondere der Christus-Worte angemessen wirkte – dieser merkwürdigen Praxis war ihm wohl bewußt, wenn er kommentiert: *Wann in der Histori bißweilen nur eine Person redet, als nemlich, der HErr Christus, Maria Magdalena, etc. habe ich ein Duo gesetzet, vnd sonderlich des HErrn Christi Person, mit einem Alt vnd Tenor, können beyde Stimmen, oder nur eine gesungen, die andre Instrumentaliter gemacht, oder auch wol, si placet [wenn es beliebt], gar ausgelassen werden.*[104] (Ähnlich variable Ausführungsweisen wird er mehr als 40 Jahre später auch im Vorwort der *Weihnachtshistoria* konzedieren.)

Alle diese Hinweise bündelt Schütz in einer Schlußpassage, die verdeutlicht, daß die Wirkung des Gesangs, nicht der Sänger, sein zentrales Anliegen ist: *Es were zwar noch viel zuerjndern, auff was massen diese Histori mit besserer gratia oder anmuth musiciret werden köndte, wann nemlich der Evangelist allein gesehen würde, die andern Personen alle verborgen stünden, vnd was mehr dergleichen ist.*[105] Dem Ziel, das Wort, hier das biblische, in der spezifischen Form seiner musikalischen Umsetzung in größtmöglicher Deutlichkeit wiederzugeben, sollte alles dienstbar gemacht werden.

Waren Historien und Dialogkompositionen, sofern sie auf dem Evangelientext basierten, schon für die Liturgie des (Hof-)Gottesdienstes geschrieben worden, so sind Anlaß und Bestimmung der *Cantiones sacrae* (SWV 53–93), einem 40 drei- und vierstimmige lateinische Motetten umfassenden Sammelwerk, das Schütz als sein viertes Werk zählt, weit weniger klar. Kaum für den öffentlichen Gottesdienst, eher als geistliche Kammermusik konzipiert, ist zwar die Funktion einiger dieser Sätze als musikalische Tischgebete (Nr. XXXVI–XL) offenkundig; doch bei der Mehrzahl der Motetten ist schon das Auswahlprinzip der Texte nur schwer zu ersehen. Wenig überraschen mag es, daß Schütz für die Hälfte der teilweise zu kleinen Zyklen zusammengestellten Kompositionen einzelne Evangelienverse, Strophen aus dem Hohen Lied wie Psalmverse heranzieht; doch ist die Verwendung von Passagen aus den Meditationen des heiligen Augustinus und Bernhards von Clairvaux, also eher subjektiv gehaltenen Andachtstexten, mindestens ungewöhnlich. Immerhin erlaubte die mystische Tendenz solcher Betrachtungen, deren Textfassung Schütz aus einem zuerst 1553 gedruckten Gebetbuch des lutherischen Theologen Andreas Musculus (1514–1581) entnahm, in ihrer reichen Bildhaftigkeit eine Kompositionsweise, die stark ausdrucksbetonte Momente nicht ausschloß. Und bei einer angemessenen musikalischen Umsetzung bedarf die intensive Sprache dieser Meditationen einer ebenso individuellen wie engagierten Gestaltung des Tonsatzes. So findet sich die ehedem auch an Schütz' Madrigalen zu beobachtende Idee, satztechnische Möglichkeiten auszureizen, hier – vielleicht gesteigert noch – wieder. Sind die biblischen Texte teilweise kompositorisch eher konventionell gehalten, so werden die expressiven Vertonungen der Andachtstexte zu geistlicher Kammermusik, die auszuführen und zu würdigen hohe Ansprüche erfordert.

Für solch avancierte Musik war das höfische Umfeld zumindest in Dresden zu klein. Es mag ein Ausweis politisch-liberaler Gesinnung, die am sächsischen Hof seinerzeit herrschte, aber auch eine Kritik am Kunstverstand Johann Georgs I. sein, wenn Schütz diese Motettensammlung zweifellos überkonfessionellen Charakters dem zum Katholizismus konvertierten Fürsten Hans Ulrich von Eggenberg widmete, den er beim Besuch Kaiser Ferdinands in Dresden wenige Jahre zuvor als gegenüber «neuer» Musik aufgeschlossen kennengelernt hatte. Das Nebeneinander von traditionellen und avantgardistischen Kompositionstechniken, aber auch deren Durchdringung mochte für den kunstsinnigen Aristokraten besonders reizvoll sein, wiewohl Schütz in seiner Zueignung eher entschuldigend auf die Heterogenität der Sammlung hinweist. Auf der Suche nach einer Gelegenheit, das Wohlwollen des Wiener Fürsten *zu wahren und zu mehren,* traf es sich *gewissermaßen zufällig und höchst gelegen, daß ich einige Cantiones, die ich schon früher begonnen hatte, vollendete, ein kleines Werk, das freilich seiner Art nach nicht einheitlich ist und wiederholt je nach der Entstehungszeit und der Zahl meiner Lebensjahre unterschiedlich ausgefallen ist, denn die Cantiones zeigen teils die alte, teils die neue Singweise.*[106] Meint *alt* motettische, satztechnisch strenge Kompositionsverfahren, *neu* madrigalische, Ausdruckswerte auch einzelner Worte in dissonanzreichem Satz betonende Techniken, so muß unentschieden bleiben, ob Stücke, in denen sich Tendenzen beider Singweisen mischen, chronologisch eine Mittelstellung einnehmen sollen oder die jüngsten Versuche einer zukunftweisenden Synthese darstellen.

Wenn Schütz sich in diesen Jahren in weit geringerem Maße der Komposition von Madrigalen widmete, so dürfte dies auf das Fehlen geeigneter deutschsprachiger Texte zurückzuführen sein, die sich in einer den Dichtungen von Petrarca, Guarini oder Marino vergleichbaren Weise zur Vertonung angeboten hätten. So war Schütz, wie er Jahrzehnte später berichtet, gehalten, auch die Vorlage seiner weltlichen Gesänge selbst zu verfertigen: *Vnd habe Ich zwar ein Wercklein von allerhand Poesie bißhero zusammen geraspelt/ was michs aber für Mühe gekostet/ ehe Ich demselben nur in etwas eine gestalt einer Italianischen Musik geben können/*

Fürst Hans Ulrich von Eggenberg (1568–1634)

weiß Ich am besten.[107] Weniges allerdings ist erhalten, das eindeutig Schütz als Autor ausweist. So könnte zwar der Text zu einer anläßlich des 36. Geburtstages von Johann Georg I. 1621 entstandenen *Glückwündschung des Apollinis und der Neun Musen*[108], deren Musik verloren ist, von Schütz stammen. Als *der Wort und Melodey Author*[109] steht sein Name unter der Begräbnismusik für die Herzogin Sophie, die Mutter des Kurfürsten, die am 7. Dezember 1623 verstarb. Schon ein kurzer Ausschnitt aus der strophischen Dichtung, betitelt *Kläglicher Abschied von der Churfürstlichen Grufft zu Freybergk* (SWV 52), läßt erkennen, daß Schütz' poetische Qualitäten dem Standard seiner Zeit entsprachen. Doch finden sich auch bei ihm die typischen Elisionen von Vokalen und mitunter auch von Konsonanten, um Metrum und Reimschema zu genügen:

Tyrannisch Tod, so habn wir dann
Dein Willen jetzt erfüllet;
Scharlach und Purpur abgetan,

Heinrich Schütz, «Glückwündschung des Apollinis und der Neun Musen». Titelblatt des Textdruckes, 1621

In schwarz Tuch uns gehüllet;
All Instrument
Von uns gewendt
In dein Livrey wir kleiden
Der Orgeln Klang
Der Musik Gsang
Wegn deins Gewalts wir meiden.[110]

Um deutsche Vorlagen zur Komposition verlegen, dürfte Schütz nicht wenig erfreut gewesen sein, als sich ihm im Mai 1625 die Gelegenheit bot, die Bekanntschaft von Martin Opitz zu machen, der seine Reise nach Wien in Dresden unterbrach. Nur ein Jahr zuvor hatte Opitz nicht nur eine ästhetische Programmschrift, das «Buch von der Deutschen Poeterey», publiziert, sondern zugleich in einer Gedichtsammlung, «Teutsche Pöemata und Aristarchus wieder die Verachtung Teutscher Sprach», den Nachweis zu erbringen gesucht, daß auch die deutsche Sprache – ebenso

Martin Opitz
(1597–1639)

wie die italienische – literarisch-künstlerisch zu verwenden sei: «So kann man auch keineswegs zugeben, es sey unser Teutsches dermassen grob und harte, dass es in diese gebundene Art zu schreiben nit könne füglich gebracht werden.»[111] Schütz griff zahlreiche Gedichte Opitz' in den nächsten Jahren auf – sieben Vertonungen, eine *Aria* (SWV 96) und sechs *Madrigale* (SWV 438, 441, 442, 451, 452, 460) sind erhalten –, setzte sie jedoch nicht mehr nach Art klassischer Madrigale für fünf Vokalstimmen, sondern kombinierte Vokal- und Instrumentalstimmen zu kleinen, oft liedhaften Szenen.

Gelegenheit zu intensiverer Kooperation bot sich dem Dichter und dem Komponisten bei der Vorbereitung eines Festspieles zur Hochzeit von Sophie Eleonore, der Tochter des sächsischen Kurfürsten, mit Georg II. von Hessen-Darmstadt, die im Frühjahr 1627 in Torgau mit großem Aufwand gefeiert wurde. Von jenem Stück, das aus der Zusammenarbeit von Opitz und Schütz hervorging und das in Musikgeschichtsbü-

Textdruck der
«Dafne», 1627

chern die erste deutsche Oper genannt wird, blieb jedoch nichts als ein Libretto.

Wer den Gedanken hatte, die *Dafne*-Oper von Ottavio Rinuccini in der Vertonung von Jacopo Peri bei diesen Feierlichkeiten aufzuführen, ist unklar; die deutsche Fassung aber, die Opitz vorlegte, harmonierte nicht mehr mit der italienischen Musik und forderte eine Neukomposition heraus. Was geändert wurde, was Schütz etwa doch noch übernehmen konnte oder wollte, wie die allegorische Geschichte von der Nymphe Daphne, der Apollo nachstellt, letztlich «durch Heinrich Schützen [...] Musicalisch in den Schawplatz»[112] gebracht worden ist – so Opitz im Titel des gedruckten Librettos –: zu alldem sind nur vage Anhaltspunkte zu ermitteln. Im bisher bekannten Œuvre von Schütz jedenfalls ist kaum etwas zu finden, das sich mit Echo-Arien, dramatischen Liebesduetten oder Balletten, die Opitz' Text ausweist, vergleichen ließe. Noch nicht einmal ausgeschlossen ist, daß Schütz Musik anderer Komponisten zusammenstellte oder arrangierte. Ihm oblag es lediglich, angemessene Musik zu besorgen und einzurichten, was nicht notwendig Neukomponieren bedeutete. Sicherlich wird im Verlaufe der Festtage auch instrumentale Musik erklungen sein, waren doch mit dem italienischen Geiger und Konzertmeister Carlo Farina und dem Lautenisten Johann Nauwach in dieser Zeit zwei herausragende Musiker Mitglieder der Hofkapelle.[113]

Überblickt man die Vielfalt der von Schütz in diesen ersten Jahren seiner Dresdner Tätigkeit bereitgestellten Musik, so deutet nichts darauf hin, daß Arbeitsbedingungen und Entfaltungsmöglichkeiten von Hofkapelle und Kapellmeister in irgendeiner Weise zu wünschen übrigließen. In allen Bereichen höfischen Musizierens, die Schütz in seiner eingangs zitierten Liste spezifiziert, konnte er kompositorisch wie aufführungspraktisch seine Vorstellungen verwirklichen. Es lassen sich keine Anzeichen dafür erkennen, daß in diesen Jahren, immerhin dem ersten Jahrzehnt des Dreißigjährigen Krieges, die Bedingungen künstlerischer Tätigkeit in Dresden eingeschränkt gewesen wären.

In einigen Bereichen des privaten Lebens aber, vielleicht nicht im Alltag und noch weniger am Hofe, waren Folgen des Kriegsausbruches schon sehr bald spürbar. So schreibt etwa Burckhart Großmann, der 1616 sechzehn Komponisten, neben Heinrich Schütz unter anderem Christoph Demantius, Melchior Franck, Michael Praetorius und Johann Hermann Schein, mit der Vertonung des Psalmes 116 beauftragte, über die Gründe, warum «Angst der Hellen und Friede der Seelen», der diese Kompositionen zusammenfassende Band, erst vier Jahre später im Druck erscheinen konnte: «Sonsten aber hat der partirische [kriegerische] Mercurius diese publicationem zum wenigsten zwey Jahr verhindert, in deme er nicht nur Gold und Silber verpartiret [entzieht]/ sondern sich auch der Hoderlumpen nicht geschewet dieselbe seltzam und thewer zu machen/ damit ja Pappirmühlen/ Druckereyen vnd Buchläden gesperret/ verödet vnd damit alles Lob/ Ehr und Dienst GOTtes/ sampt der Justitz vnd freyen Künsten getilget vnd vnterdrücket werden möchte/ vnd geht nach jhme der vastirende Mars [verwüstende Kriegsgott] noch darmit umb.»[114]

Doch nur kurze Zeit später müssen die gewaltigen Kriegskosten zu Einsparungen auch im Bereich der Hofmusik geführt haben. Aus dem Sommer 1625 stammt eine von Heinrich Schütz aufgesetzte und an den Kurfürsten gerichtete kollektive Bittschrift der Mitglieder der Hofkapelle, die seit nunmehr fast zwei Jahren rückständige Besoldung auszuzahlen:

Euer Churfürstliche[n] Durchlauchtigkeit geben wir hirmit unterthenigst höchst dringender Notturft nach supplicando [flehentlich] zu erkennen, welchergestalt (wie Euer Churfürstlichen Durchlaucht ohne das wol bewust) wir eine geraume Zeit hero und nunmehr kunftig in das siebende Quartal nicht ausgezahlet werden.

Und ob wir zwar anitzo [jetzt] der unterthenigsten Hoffnung und Zu-

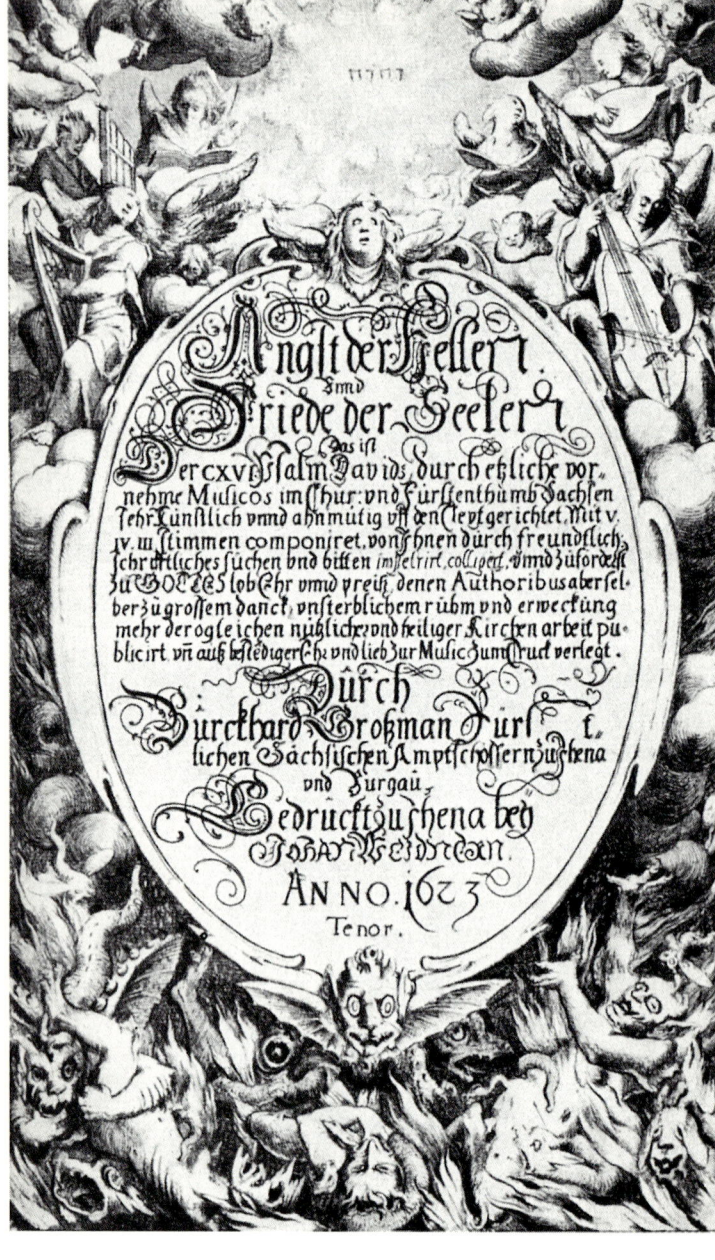

vorsicht gelebet, Euer Churfürstliche Durchlaucht wurden sich uber uns und derer unßrigen Weib und armen kleinen Kinderlein, mit welchen wir mehrernteils große Noht leiden müßen, gnedigst erbarmen. So ist doch solches uber Zuvorsicht abermals (Gott erbarme es) vorbliben. Derowegen wir ferner nicht wißen, wie wir uns mit denen Unsrigen, welche essen wollen und sollen, erhalten werden. Sintemal wir hirbey von allem kommen, Hauß- und Vorraht darüber verkauft und vorpfendet, Credit verlohren und in große unuberwindliche Schulden gerahten.[115]

Solch radikalen Maßnahmen wie der Einstellung aller Honorarzahlungen dürften geringfügigere Kürzungen vermutlich schon vorausgegangen sein. Berücksichtigt man diese sukzessiv sich verschlechternden Bedingungen – und die Fürsorge für die Mitglieder der Hofkapelle war, wie geschildert, ein Teil seines Amtes als Hofkapellmeister – und unterstellt man ein zunehmend mehr von der Kriegsführung denn von musikalischen Ideen beherrschtes Interesse des sächsischen Kurfürsten, so lassen sich einige Gründe erkennen, die Schütz zu neuerlichen Reiseplänen bewogen. Für große, ambitionierte Musik schienen die Umstände am Dresdner Hof einstweilen kaum günstig. Zudem hatte Schütz von Neuerungen auf dem Gebiete der Instrumentalmusik, von bisher nicht gekannten Spieltechniken der Violine erfahren, die in Italien nunmehr Claudio Monteverdi künstlerisch einsetzte und die man für musikdramatische Kompositionen, die vielleicht auch in Dresden wieder einmal zu schreiben waren, verwenden konnte. Die musikalischen Möglichkeiten von Hofmusik und Hofkapelle schienen zunächst ausgeschöpft, somit der Zeitpunkt nicht ungeeignet, noch einmal eine längere Studienreise zu planen und damit zugleich eine Zäsur zu setzen – eine Zäsur, die auch von den Schattenseiten der Schützschen Biographie bestimmt wird.

Titelblatt der Tenorstimme zu Burckhart Großmanns Sammelwerk über den 116. Psalm

Trauerarbeiten und Reisen

«Nachdem ihm nun dieses Freuden- und Ehren-Licht auffgangen/ hat der fromme GOTT solches ie mehr und mehr vermehret/ und ihn und seine Ehe-Liebste mit zweyen Töchtern benantlich Anna Justina und Euphrosina begnadiget: Allein die Süssigkeit dieser erwündschten Ehe/ ist gar bald in eine bittere Creutz-Wermuth verwandelt worden/ indem er in den 6. Jahr seiner Liebe erfahren müssen/ wie seine Ehe Liebste Anno 1625. am 6. Septembris durch den zeitlichen Todt seiner Seiten entrissen/ und er dadurch in ein nicht geringes Betrübnüs versetzet worden.»[116] Nicht viel ist bekannt über Magdalena Schütz, geb. Wildeck, die kaum 24 Jahre alt war, als sie an den Blattern starb und ihrem Mann zwei kleine Mädchen, eines von zwei, das andere von vier Jahren, zurückließ. Das wenige, was man weiß, entstammt der Leichenrede des Hofpredigers Hoe von Hoenegg, der ein freundliches, wenig spezifisches Bild von ihrer Häuslichkeit und Gottesfurcht zeichnet, sich dann aber, nicht ohne Exaltation, den Trauernden zuwendet: «Aber wehe/ wehe ist geschehen/ dem hinterlassenen hochbetrübten Wittiber/ der winselt nun und klaget: Cithara mea versa est in luctum, Ach Gott sey es geklaget/ meine Harffe ist eine Klage/ vnd meine Pfeiffe ein Weinen worden. Der hat vnter allen Seitenspielen/ keinen lieblichern Klang noch Gesang gewust/ noch gehöret/ als wenn er seines liebsten Eheschatzes Stimme vnd wort gehöret hat: die hat er für seine wertheste Harffe auff dem Erdboden gehalten. Sie ist aber leyder weg.»[117]

Auch David Schirmers Trauergedicht ist kaum weniger idealisierend:
«Je mehr er Tag begehrt/ ie mehr drang bey ihm ein
Die Schöne Wildeckin/ und ihrer Augen-Schein/
Ach aber kurtze Zeit. Wer auff den stillen Seen
Sich keines Sturms versieht/ der kann kaum ferner gehen,
Glänzt itzt der Sonnen Gold/ so folgt ein Wetter drauff:
Sein liebstes Ehe-Weib beschloß bald ihren Lauff
Und gab ihm gute Nacht. Wie aber da zu machen?
Er untergab sich GOTT/ samt allen seinen Sachen/
Ließ/ als ein Weiser thut/ das Unglück schlagen ein/
Und wolte/ wie ein Felß/ biß an sein Ende seyn.»[118]

Leichenpredigt auf Magdalena Schütz, 1625

Sollte man aufgrund solcher Zeugnisse Schütz Züge von Resignation oder gar Fatalismus unterstellen? Daß ihn der Tod seiner Frau betroffen gemacht haben muß, zeigt sich auch in einem Aussetzen seines kompositorischen Elans. Zwischen Schütz' viertem und fünftem Opus – den *Cantiones sacrae* und dem *Becker-Psalter* – finden sich zumindest keine Musikstücke, denen er selbst durch die Aufnahme in die Reihe numerierter Werke größere Bedeutung beimessen wollte.

Dem Andenken seiner Frau widmete Schütz ein erst vor wenigen Jahren wiederaufgefundenes elfstrophiges Generalbaßlied[119]. Dessen Text *Mit dem Amphion zwar* (SWV 501) lag auch der Predigt Hoe von Hoeneggs zugrunde. Es war nicht der einzige Trauergesang dieses Jahres 1625: Im Frühjahr hatte Schütz für die Beerdigung des Leipziger Studenten

Jakob Schultes, eines Schwagers jenes Michael Thoma, dem er 1619 eine Hochzeitsmusik schrieb, seine Trauermotette nach Worten des 23. Psalms (SWV 95) komponiert. Nur wenige Wochen vor dem Tod seiner Frau starb deren Schwester Anna Maria Wildeck. Der Choral «Ich hab mein Sach Gott heimgestellt», dessen achtzehn Strophen Schütz in einer *Aria de vitae fugacitate* fünfstimmig, Chor und Soli vielfältig abwechselnd, variierte und zehn Jahre später in den ersten Teil seiner *Kleinen Geistlichen Konzerte* aufnahm, war ihr Grabgesang am 19. August 1625.

Die Widmungsvorrede seines nächsten Opus datierte Schütz gerade auf den zweiten Jahrestag des Todes seiner Frau. Hier auch findet sich – selten genug – ein sehr persönlich gefärbter Passus: *So hat es doch Gott dem Allmechtigen/ nach seinem alleine weisen Rath/ vnd gnedigen willen gefallen/ durch ein sonderliches HaußCreutz [familiäre Umstände]/ vnd durch den vnverhofften Todesfall/ meines weyland lieben Weibes Magdalenen Wildeckin/ mir solche fürhabende andre Arbeit zu erleiden/ vnd dieses PsalterBüchlein/ als aus welchen ich in meinen Betrübnüß mehr Trost schöpffen künte/ gleichsam in die Hände zugeben. Dahero ich dann ohne fernere erjnnerung für mich selbsten an diese Arbeit/ als eine Trösterin meiner Trawrigkeit allerwilligst gangen bin/ vnd endlichen dieses Wercklein/ wie es hier für Augen ist/ durch Gottes hüllfe verfertiget habe.*[120] Wieder steht der Psalter im Zentrum eines großen Werkes von Schütz, jedoch nicht in konzertanter Besetzung, sondern im vierstimmigen Chorsatz: *Psalmen Davids, Hiebevorn in Teutzsche Reimen gebracht/ Durch D. Cornelium Beckern/ Vnd an jetzo/ Mit Einhundert vnd/ Drey eigenen Melodeyen, darunter/ Zwey und Neuntzig* [recte: 90] *Newe, vnd/ Eylff Alte,/ Nach gemeiner Contrapuncts art in/ 4. Stimmen gestellet.*[121]

Strophisch gefaßte Psalmen in der Landessprache zu singen war reformatorische Tradition, um nach mittelalterlich-katholischen Überformungen «ursprüngliche» christliche Gesänge wiederzugewinnen und im Volks- und Gemeindegesang zu verankern. Martin Luther selbst gilt als Verfasser von sieben Liedbearbeitungen nach Texten des Psalters, die, als Schütz sie in seine Sammlung übernahm, bereits zum festen Bestand protestantischen Liedgutes zählten. Zahlreiche ähnliche Reimversionen der 150 Psalmen entstanden im 16. Jahrhundert; dabei fand insbesondere der von Claude Goudimel musikalisch bearbeitete Psalter der französischen Hugenotten in der Übersetzung von Ambrosius Lobwasser (1573) auch in Deutschland weite Verbreitung.[122] Dieser calvinistisch geprägten Version nun suchte der Leipziger Theologieprofessor Cornelius Becker eine «lutherische» gegenüberzustellen. In seine «Psalter Davids Gesangweis» (1602) übernahm er die sieben Psalmdichtungen Luthers, deren Melodien er auch für andere seiner 143 Lieder zu übernehmen suchte.

Hier setzt Schütz an, kritisiert solche Adaptionen und zielt, schon um eines engeren Bezuges zwischen Text und Musik willen, auf selbständige musikalische Fassungen jedes Psalmes; dabei sind die «alten», lutheri-

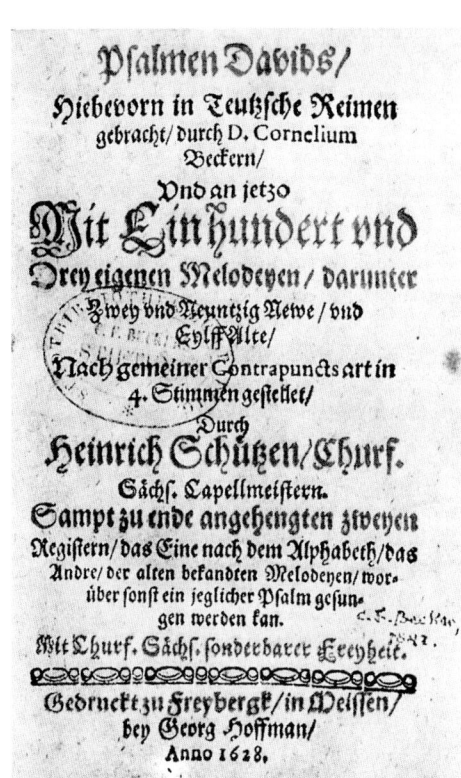

Heinrich Schütz, «Beckerscher Psalter». Titelblatt der Erstauflage, 1628

schen Melodien bereits unantastbar: *Vnd zwart belangende/ Erstlich/ die alten vnd numehr fast in die hundert Jahre mit sonderbaren auffnehmen Evangelischer Warheit üblichen Melodeyen/ so habe ich es bey denselbigen nicht alleine billich gelassen/ sondern meines theils/ thue ich jhnen hierüber noch vielmehr dis offentliche Lob und Zeugnüß geben/ das etliche deroselben ich mehr von den Himlischen Seraphinen zu Lob jhres Schöpfers/ als von Menschen ertichtet halten thue: Wie aber solche alte Melodeyen sampt denen Gottseligen Worten/ worüber sie anfangs componirt vnd gemacht worden/ (Inmassen dergleichen auch in gegenwertigen Psalm-Büchlein noch geschicht) billich ferner ohngeendert erhalten/ vnd männiglichen commendiret [empfohlen] werden. Also hat im gegentheil/ vnd für das Andere/ mich nicht allerdings bequem gedeuchtet/ daß solche alte Weisen Herrn Doctor Luthers vnd anderer frommer Christen Gesänge […] ohne anterscheid zu gegenwertigen PsalterBüchlein entlehnet werden/*

vnd also diese D. Beckers seligen nichts minder Geistreiche Gesänge vnd Wort/ gleichsam mit geborgeter Kleidung in Christlichen Versammlungen erscheinen/ vnd sich hören lassen müssen.[123]

Etliche Gesänge entstanden, wie Schütz weiter berichtet, aus der musikalischen Praxis, für das Morgen- und Abendgebet der Kapellknaben sowie seine *Hauß-Music*[124]. Die vielfältige Verwendbarkeit solcher einfachen Kantionalsätze, die ihm auch etliche Kollegen bestätigt hätten, habe ihn veranlaßt, den vollständigen Psalter nach Cornelius Beckers Strophenliedern vierstimmig zu setzen. Einzelne Chorsätze aus dem Gebrauch der Hofkapelle wurden erst im Hinblick auf die Druckfassung gesammelt und mit den noch ausstehenden der 150 Psalmlieder zum geschlossenen Werk ergänzt. Die leichte Ausführbarkeit, die der bis auf wenige Ausnahmen stets homophone Satz sowie die kleine Besetzung ermöglichten, führte zu einem regen Absatz. Schon 1640 wurde eine Neuauflage notwendig, und weitere zwanzig Jahre später unterzog Schütz den *Becker-Psalter* einer umfassenden Revision.

Die Harmonien, die Schütz zur Aussetzung seiner Choräle heranzog, entstammten einem vergleichsweise beschränkten Repertoire. Grunddreiklänge, die häufige Sprünge der Baßstimme erzwingen, herrschen vor, selbst Sextakkorde sind eher selten. Verwendet Schütz Septimakkorde, so bedingt der Text den Gebrauch auch dieser Dissonanz. Um so reicher allerdings ist die rhythmische und metrische Ausgestaltung der Psalmlieder, die sich aufs engste an die sprachliche Vorlage anschließt. Wiederum ist ein Sprechen in und mit Musik Schütz' Ziel, natürliche Deklamation die oberste Leitlinie, die die Verwendung auch kleinerer Notenwerte erklärt, *zu dem ende damit der Gesang nicht alleine lebhaffter/ sondern auch die Wort nicht allzulang ausgedehnet/ besser verstanden/ vnd ein Psalm desto ehe ausgesungen werden könte. [...] Ja solche Arien und Melodeyen ohne Tact auch viel anmutiger nach anleitung der Wort gesungen werden können.*[125] Doch konzediert er auch hier eine aequaliter-Ausführung, in der die unterschiedlichen Notenwerte nivelliert werden: *Wolten aber jemand etliche dieser Melodeyen zu weltlich fürkommen/ oder aber wann einem Componisten oder Organisten einen Choral darüber zuführen belieben möchte/ der setze jhm den Discant (welcher die Chor oder Hauptstimme führet) mit langsamen Noten vnd interponirten Pausen abe/ wird verhoffentlich sich begnüget finden.*[126]

Momente von Subjektivität, einzelne Stellen in der Musik, die Schütz unter dem Eindruck des plötzlichen Todes seiner Frau in auffälliger Weise hervorgehoben hätte, lassen sich in diesen Psalmliedern nur mit großer Mühe entdecken. Der Schluß von Schütz' biographischer Situation auf eine bestimmte musikalische Gestaltung selbst einzelner Passagen ist auch hier kaum möglich. So bleibt nur, in der Reduktion der künstlerischen Mittel wie auch angesichts der geringen Zahl überlieferter Werke aus der unmittelbar an den Tod seiner Frau anschließenden Zeit ein gewisses Innehalten Schütz' zu vermuten und in der Intimität einiger dieser kleinen Psalmlieder etwas von seiner Betroffenheit zu ahnen. Wenn es aber zutrifft, was Martin Opitz «An Heinrich Schützen auff seiner liebsten Frawen Abschiedt» schrieb, dürfte die Suche nach subjektiven Zügen in Schütz' Kompositionen dieser Jahre nahezu unmöglich werden.

«O, du Orpheus unserer Zeiten,
den Thalia hat gelehrt,
dessen Lied und goldne Saiten
Phoebus selbst mit Freuden hört,
wozu dienet denn das Klagen?
Kann die Angst den Tod verjagen?

Stimme deine Laute wieder,
laß die Orgel besser gehn,
laß erschallen deine Lieder,
soll dein Lied noch bei dir stehn;
soll sie auf das Neue leben
und sich selbst dir wiedergeben.

Gieb ihr doch dein lieblichs Singen,
was der Tod hat hingebracht,
laß den süßen Ton erklingen,
den Oeagers[127] Sohn gemacht
und so künstlich hat gesungen,
daß er Nacht und Tag bezwungen.

Preise deiner Liebsten Tugend,
sage von der Freundlichkeit,
von der Anmuth ihrer Jugend,
von der angenehmen Zeit,
welche du mit ihr genossen,
ehe sie die Zeit beschlossen.»[128]

Sowenig die Kompositionen Schütz' nach dem Tod seiner Frau subjektive Züge offenbaren, so wenig verraten auch seine Handlungen. Daß er nicht erneut heiratete, wie es durchaus üblich gewesen wäre, deutet Martin Gregor-Dellin als bitteren Entschluß «zu Askese und Verzicht, einzig seiner Aufgabe und seiner Kunst zuliebe und vielleicht auch, weil diese Liebe unwiederholbar war außer in Werken»[129]. Doch indem Schütz seine zwei kleinen Kinder seinen Eltern in Weißenfels zur Erziehung überließ, entband er sich eines Teils permanenter väterlicher Fürsorge, vielleicht gar, um frei von familiären Bindungen sich erneut und ausschließlich der Musik und zugleich seiner Karriere zu widmen.

Dresden, wo die sozialen und finanziellen Verhältnisse zunehmend schwerer werden sollten, kehrt er in den nächsten Jahren wiederholt den Rücken, übernimmt nach seinem zweiten «Studienaufenthalt» in Italien zahlreiche, z. T. mehrjährige Engagements an anderen Höfen: Andernorts sucht er seine kompositorischen Qualitäten auszubilden und einzusetzen. Momente von Stolz und Ehrgeiz, von Suche und Neuorientierung, vielleicht auch von einem Scheitern an den Arbeitsbedingungen am Dresdner Hof und nicht zuletzt Flucht vor dem Krieg, der mehr und mehr in Sachsen spürbar wurde, durchdringen sich unentwirrbar. Zu trauern um Familienangehörige und Freunde, fortzureisen, zurückkehrend von neuem Tod erfahren zu müssen und wieder Begräbnismusik zu komponieren werden zu konstanten Elementen der nächsten Lebensjahre von Heinrich Schütz, die, so erfolgreich sie sind, zugleich doch ruhelos scheinen.

Seine zweite große Italien-Reise hatte Schütz lange schon geplant: Aus einem umfangreichen Schreiben an Johann Georg I. vom 9. Mai 1627, in dem Schütz sein Projekt ausführlich erläutert, geht hervor, daß er sich mindestens seit 1620[130] mit dem Gedanken einer neuerlichen Studienreise trug und bereits mehrfach, auch durch Vermittlung Dritter, auf dem Dienstweg also, um eine Genehmigung des Kurfürsten nachgekommen war: *Gnedigster Herr. Euer Churfürstliche Durchlaucht werden sich vieleicht noch gnedigst erindern können, wie nicht alleine hiebevorn und bey Christoff vom Looß Lebzeiten, sondern auch noch unlengst durch unsern itzigen Inspektor, den Herrn Oberkammerraht, wegen einer Reise in Italien auf 6 Monat ich unterthenigst ansuchen und mich bewerben lassen. Wann dann, gnedigster Churfürst, diesen Fürsatz nicht etwa leichtsinniger Weise und ümb spatzieren ziehen, sondern aus allerhand gnungsamen Ursachen, fürnemblichen aber darümb ich mir genommen habe, aldieweil ich hiebevorn in Italia nur ein Schüler gewesen bin, auch anderweit keine Music sonderlich gehöret als zu Venedig. An itzo aber nach besser ausgeübten Vorstande auf einer solchen Reise mich so viel Lection zu erholen getrauen thue, das die zeitlebens mir in meiner Profession nutzen und frommen soll.*[131]

Wenngleich Schütz zu diesem Zeitpunkt, kurz nach der Aufführung der *Dafne* bei der Torgauer Fürstenhochzeit, mit dem Wohlwollen des Kurfürsten hatte rechnen können, so war die Ablehnung seines Gesuches drei Wochen später alles andere als schikanös: Johann Georg bedurfte der Dienste seines Hofkapellmeisters nicht nur bei einer Reise zum Fürsten Heinrich Postumus Reuß nach Schloß Osterstein bei Gera – wo möglicherweise Schütz' Oper ein zweites Mal aufgeführt wurde – sondern vor allem auch zur Ausgestaltung des Mühlhausener Kurfürstentages im Herbst desselben Jahres, anläßlich dessen Schütz sein doppelchöriges *«Da pacem»* – *«Vivat!»-Konzert* schrieb.

Im Frühjahr 1628 wiederholte Schütz seine Anfrage. Einigen Gründen die zuvor eine Absage bedingt haben konnten, suchte er schon im Vorfeld zu entgegnen, zumal der Kurfürst nun auch vom Sinn der Reise überzeugt zu sein schien: *Wie nun sonder allen Zweiffel E. Churf Durchl die nutzbarkeit dieser meiner Reise nicht ohnscheinbarlich vormerken werden, also leb ich anderes theils der gewissen hoffnung, das etwa ümb geringer Motiven, oder etwa ümb weniger gefahr willen vnterwegens, deren kein mensch auch in seinem eignen hause versichert ist, E. Churf Durchl mir keine abschlägliche andtwort wiederfahren lassen werden. Sintemal ich mich disfals wol in acht zu nemen, vndt in starker geselschafft, die mir zum theil wissent ist, fortzureisen, fürhabens bin.*[132] Schütz' Reisepläne hatten im Vorjahr wohl etwas überstürzt gewirkt, vielleicht auch angesichts der Kriegsumstände zu gefährlich. Möglicherweise hatte gar jemand gegen sein Vorhaben intrigiert: *E. Churf Durchl erindere ich auch dieses demütigst, das wenn ja iemand aus vormeinter gueten affection bey E. Churf Durchl mir vorhinderlichen erscheinen wolte, dieselbige mein gemüth keines weges befriedigen, sondern meine woldisponirte gedanken nur perturbiren [verwirren] vndt ümb die Zeit darinnen ich wol mehr als einmahl derogleichen nützliche reise thun können, mich schändtlichen bringen helffen.*[133] Was hier fast wie Nötigung klingt, ist doch, wie im folgenden deutlich wird, eher Verzweiflung. Schütz betont, daß er *nicht etwa aus leichtsinnikeit ümb eintziger lust oder spatzierenzihens willen* nach Italien reisen wolle, sondern *aus antrieb verhoffentlich eines bessern geistes.*[134] Schütz dachte an Rekreation, versprach sich Anregung und Erneuerung nicht nur der musikalischen Sinne. Und Johann Georg verstand; wohl nicht nur, um mit der zu erwartenden neuen Musik den Ruf seiner Kapelle zu mehren, gab er seine Zustimmung.

David Schirmer dürfte der persönlichen Situation von Schütz in diesem Augenblick am nächsten gekommen sein, wenn er in seinem Nachruf erinnert:

«Wer ist es der nun hier von unserm Schützen saget/
Wie er bey solchem Schmertz/ der Traurigkeiten voll/
Den Rest der Einsamkeit hinfort vertreiben soll?
Sein Welschland war sein Artzt.»[135]

Nach langwieriger Reise, die wegen *der zum theil in teutschlande, vndt dan sonderlich an den Venetianischen grentzen gesperreten päße [...] in die zehende woche geweret*[136], traf Schütz Ende Oktober 1628 in Venedig ein. Schon nach wenigen Tagen konnte er feststellen, daß *von der zeit an, da ich hiebevorn das erste mahl dieser örter gewesen binn, Sich dieses gantze werk sehr geendert, vndt die Jenige Music welche zu fürstlichen Taffeln, Comedien Balleten vndt derogleichen representationen dinlichen ist, sich itzo merklichen verbessert vndt zugenommen hatt.*[137]

Von Kirchenmusik ist hier wie in den folgenden Briefen, die, an Johann Georg gerichtet, über seine vielfältigen musikalischen Erkundigungen Aufschluß geben, nirgends die Rede. Auch der Name Claudio Montever-

Claudio Monteverdi (1567–1643)

dis, der seit 1613 Kapellmeister am Markusdom in Venedig war, fehlt in Schütz' Berichten. Für ein Lehrer-Schüler-Verhältnis beider finden sich außer dem eher vagen Hinweis David Schirmers im Nachruf auf Schütz – «Der Edle Mont de verd wies ihn mit Freuden an/ Undt zeigt ihm voller Lust die offt gesuchte Bahn.»[138] – keine Belege. Es ist allerdings wenig wahrscheinlich, daß sie einander nicht begegnet wären.

Die geistlichen Kompositionen, die Schütz nun in San Marco hörte, müssen ihn mindestens überrascht haben. Mehrchöriges Musizieren war mehr und mehr von neuen Formen und Techniken abgelöst worden: «Die geistliche Musik, soweit sie nicht im ‹alten› Stil geschrieben wurde, war eine weltliche Kunst. Monteverdis geistliche Kompositionen sind immer dort besonders lebendig, wo er die Ausdrucksmittel nicht nur des Madrigals, sondern vor allem der Oper übernimmt. Daß er, obwohl er die längste Zeit seines Lebens als Kirchenkapellmeister wirkte, im Herzen ein Dramatiker war, spiegelt gerade seine geistliche Musik wider.»[139] Demnach war es entbehrlich, über «alte» Kirchenmusik, die nach den traditionellen Regeln des strengen kontrapunktischen Satzes gefertigt und wohl vertraut war, zu berichten. Möglicherweise auch sah Schütz solistisch konzertante Kompositionen als genuin weltliche Musik an, deren (zu) starker Betonung subjektiver Affekte gegenüber er sich anfänglich reserviert zeigte.

Bei der Fülle «neuer» Werke, die er bei diesem Italien-Aufenthalt hat kennenlernen können, dürfte es schwer sein, individuelle Bezüge zwischen einzelnen Werken von Schütz und denen anderer Komponisten aufzuzeigen. Auffällige Stileigentümlichkeiten Monteverdis, etwa die höchst differenzierte Dissonanztechnik seiner emphatischen «Lamento»-Kompositionen, finden sich in Schütz' späteren Werken zu selten, um von Einflüssen reden zu können; näher läge es, Verbindungen zu Kantaten Alessandro Grandis, des Vizekapellmeisters des venezianischen Markusdomes, anzunehmen.

Schütz erwähnt ebensowenig wie Monteverdi irgendeinen anderen zeitgenössischen Komponisten in der Vorrede seiner *Symphoniae sacrae I*, in denen er die neuen Erfahrungen kompositorisch umzusetzen versucht. Statt dessen verfaßt er nach einleitenden Dankes- und Devotionsformeln eine Eloge auf seinen ersten venezianischen Lehrer – Gabrieli! *Ihr unsterblichen Götter, welch großer Mann war das!*[140] –, die zu seinen Ausführungen, daß die hier vorgelegten Stücke den aktuellen Stand der Kompositionstechnik spiegelten, in seltsamem Kontrast steht. In Venedig, wo er bei alten Freunden verweilte, habe man die alten Kirchentonarten teilweise aufgegeben und suche modernem Geschmack durch einen *neuartigen Kitzel* zu gefallen. *Ich habe Geist und Kraft aufgewandt, um aus dem Ertrag meines Fleißes einiges nach dieser Art für Euch als Beispiel vorzulegen.*[141] Doch schließen Schütz' Bekenntnis zur Tradition und der Anspruch, nach Maßgaben der Gegenwart zu komponieren, einander nicht notwendig aus. Altes zu bewahren muß nicht in epigonales Reproduzieren des Immer-Gleichen münden, wie umgekehrt – mindestens nach Schütz – Komponieren im neuen Stil noch des Rückhaltes an einem Regelwerk bedarf, das mehr oder minder offenkundig, doch stets präsent ist. Explizit avantgardistisch ist Schütz selten, radikal nie.

Seinen Traditionsbezug verdeutlicht Schütz auch im Titel seiner Sammlung, den schon Giovanni Gabrieli für seine großangelegten Konzerte wählte; nach Michael Praetorius' Definition im dritten Band seines «Syntagma musicum» meinen «Symphoniae sacrae» solche «Cantiones, welche mit Concertat Stimmen/ zugleich auch allerhand Instrumenten anordnen»[142]. Dabei notiert der Komponist nicht mehr nur einen mehrstimmigen Satz, der mit Vokal- und Instrumentalstimmen in relativ variabler Kombination ausgeführt werden kann, sondern schreibt zunehmend spezifisch für genau vorgegebene Besetzungen. So ergänzt Schütz nun die maximal drei Singstimmen mit meist paarig, selten als Quartett gleicher Instrumente besetzten Violinen, Gamben, Flöten, Fiffari (Schalmeien), Cornetti und Cornettini (Zinken), Fagotten, Trompeten und Posaunen, wobei die Klangfarbe keineswegs zufällig gewählt wird, sondern Ausdruckswerte des Textes unterstreichen soll. Oft bereiten die Instrumente Motive der Singstimmen vor oder nehmen sie auf; die textliche Wendung wird so fortgeführt, gelegentlich auch spielerisch gesteigert und überhöht.

Wie die Publikation noch während seines Aufenthaltes in Venedig im Spätsommer 1629 zielen auch die lateinischen Texte der *Symphoniae sacrae I* nicht nur auf das heimische Publikum. Schütz legt der Hälfte der zwanzig – oder rechnet man die zweiteiligen Sätze als zusammengehörig: fünfzehn – Konzerte dieses Sammelbandes wiederum Psalmverse zugrunde, weitere sieben verwenden Abschnitte aus dem Hohenlied Salomons, und die verbleibenden drei benutzen Passagen des alttestamentarischen Buches Samuel und des Matthäus-Evangeliums. Auffällig aber ist die sorgfältige Auswahl der Textpartien: In nahezu allen Stücken bietet die Einführung eines singenden Ich – «Mein Herz ist bereit», «Auf dich hab ich gehoffet», «Kommt zu mir», «Du bist schön, meine Freundin» – in direkter Rede die Grundlage zu auch musikalisch subjektivierter Gestaltung. Erzählende oder nur beschreibende Verse werden zugunsten von Abschnitten zurückgedrängt, in denen individuelle Empfindungen dominieren. Es scheint fast, als suche Schütz mit der Selektion solcher Textteile den Anschluß an die affektbeherrschte Situation der barocken Oper.

Vielleicht das berühmteste Stück dieser Sammlung, auf das schon Carl von Winterfeld in seinem 1834 erschienenen Buch «Johannes Gabrieli und sein Zeitalter» hinwies und zugleich in einem Beispielband als eine der ersten Kompositionen von Schütz neu vorlegte, dürfte das dreizehnte Konzert sein, Davids Klage über den Tod seines gefallenen Sohnes. Schütz vertont jedoch nur den Monolog des Königs – «*Mein Sohn Absalon! Wollte Gott, ich wäre für dich gestorben!*» –, der gesamte Kontext fehlt. Losgelöst von der historischen Situation, an die nur noch der Eigenname erinnert, wird die Passage zu einem Klagegesang, zur Darstellung von fassungsloser Trauer schlechthin. Der Vers aus dem Alten Testament ist beinahe nur noch Vehikel, einen Affekt des Schmerzes musikalisch auszuführen.

Die kompositorischen Mittel, die Schütz hier einsetzt, sind eher gering, doch sehr genau disponiert. In der Einleitung eines Posaunenquartetts werden zunächst Dreiklangsmotive vorgestellt, die, in tiefer Lage die g-Moll-Tonika fixierend, in schleppendem Dreier-Duktus schon dem Beginn einen getragenen Charakter verleihen. Die Baßstimme nimmt die Eingangsmotivik auf; durch die Durvariante des zweiten Akkordes entsteht in der melodischen Linie nun aber ein übermäßiger Dreiklang (b-d-fis), der nicht nur in diesem Stück zur Umsetzung schmerzhafter Empfindungen verwendet wird. Auch in den nächsten Takten ist die harmonische Führung schlicht, ganz im Gegensatz zur Gesangsstimme, die zwar ebenfalls nur auf Tönen dieser Akkorde basiert, jedoch gerade die Möglichkeiten verminderter Intervalle, die die Generalbaßklänge beim Harmoniewechsel zulassen, ausnutzt: Der Sänger, den die Posaunen eingestimmt hatten, gerät außer sich.

Ausschnitte aus «Fili mi Absalon»

a) [Sinfonia a]. T. 1–4

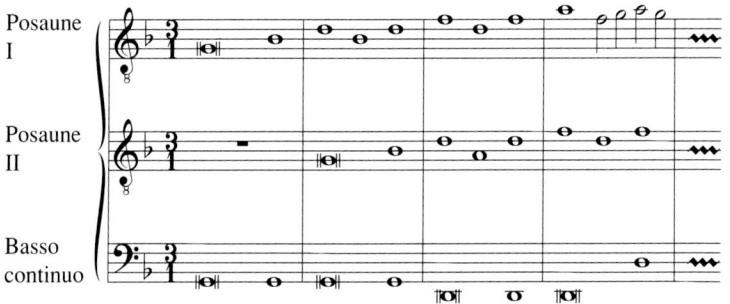

b) [Einsatz der Singstimme]. T. 43–53

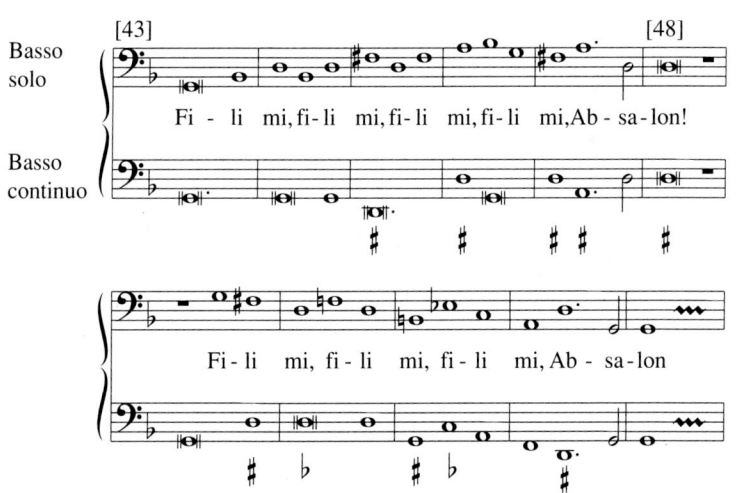

Der Begriff des «Tonbildes», den Carl von Winterfeld zur Beschreibung der *Symphoniae sacrae* verwendet, scheint gerade hier besonders zutreffend: «Die Majestät des heiligen Sängers, wie den herzzerreißenden Schmerz des Vaters, hat der Meister [Schütz] uns darstellen wollen. Gesang und Wahl der Begleitung wirken vereint, ein Bild zu schaffen, wie es ihm vorschwebte.»[143] Eine kleine Szene steht im Mittelpunkt dieser rein instrumental begleiteten Konzerte, doch nicht die einer Handlung, wie noch in den biblischen Dialogen, sondern die einer intimen, psychologisch genau durchschauten und kompositorisch reproduzierten menschlichen Empfindung. Hiermit konnte Schütz an den zeitgenössischen Stand der Kompositionstechnik anknüpfen und zugleich seine individuelle Nuance beisteuern, um die er wußte, als er seinen Sammelband in Venedig publizierte. Diese «neuartige» Musik widmete er ebenfalls nicht seinem Dienstherrn, sondern, als ob er dort größeren Sachverstand erwartete, dem sechzehnjährigen Thronfolger, der erst etliche Jahre später als Johann Georg II. Kurfürst von Sachsen wurde.

Schütz' zweite italienische Reise war von der Zielsetzung getragen, möglichst viel von der Musik des anderen Landes, sei es in den verschiedenen Arten der Komposition, sei es in der Beschaffung von Noten und Instrumenten, ja selbst von Ausführenden für die zukünftige Arbeit in Dresden zu gewinnen. So hatte Schütz noch von Dresden aus die Verfertigung von *2 Discantgeigen vndt 3 Tenorgeigen* in Cremona veranlaßt, da *dieselbigen zu behuff der music er aus Italia beschreiben solte, im betracht auch das derogleichen gute instrumenta, wann itziger alte meister abgehen möchte, an keinem andern ort in solcher bonitet [Güte] zubekommen sein werden*[144]. Ob allerdings Schütz die gemeinten Instrumente der Geigenbauerfamilie Amati, deren Altmeister der schon im nachfolgenden Jahr verstorbene Girolamo war, bei einem Besuch in Cremona selbst erworben hat, ist unklar. In einem Zwischenbericht an Johann Georg über seinen Aufenthalt heißt es lediglich, daß er *Einen zimlichen Vorraht von allerhandt Musicalischen sachen beyhanden bracht, solchen auch nebenst etlichen Instrumenten albereit nacher Leibzigk fortgesendet*[145] habe. Weitere Reisen von Schütz auch in andere norditalienische Städte, etwa, wie Otto Brodde[146] unterstellt, nach Padua und Mantua, oder ein Besuch bei Alessandro Grandi in Bergamo, den Martin Gregor-Dellin[147] für wahrscheinlich hält, konnten bislang nicht belegt werden.

Ein weiterer Zweck der Reise war es, sich von den Fortschritten der Italien-Stipendiaten des sächsischen Hofes einen unmittelbaren Eindruck zu verschaffen. So empfiehlt Schütz dem Kurfürsten, die Studien Caspar Kittels, der später unter anderem als Continuospieler am Dresdner Hofe wirkte und Kompositionsschüler von Schütz war, ein weiteres, letztes Jahr zu fördern.[148] Über den Geiger Tobias Grünschneider, der auf Kosten des Kurfürsten zwischen 1614 und 1618 in Italien ausgebildet worden war, zwischenzeitlich in Dresden, nun aber wieder in Florenz sich aufhielt, äußert sich Schütz dagegen weit weniger vorteilhaft; der sei *weiter nicht als in den tantzgeigen guet, hingegen aber in der Music ganz imperfect vndt ohngewis* und *wann etwa zu begebenden zusammenkunfften wir mit anden gueten Musicanten concurriren oder compotiren [zechen] solten,* würden *wir keines weges bestehen vndt Ehre einlegen*[149].

Unzweifelhaft hatte Schütz einen anderen Favoriten, dessen menschliche und künstlerische Qualitäten er nachdrücklich betont: *Dieses ist im fundament eine gar perfecte vndt gewisse, so wol nicht weniger im tantzgeigen geubte, vndt so weit qualificirte person, welche eine gantze compagnia Geyger neben sich richten vnd guet machen kan, vber dieses alles auch ein sehr frommer vndt demutiger man, das ich ohngezweiffelt glauben thue, E.Churfl Durchl an Ihme vielleicht mehr als hiebevorn an Carl Farina oder aber in künfften an dem Grünschneider, ein gnedigstes contento [Zufriedenheit] vndt gefallen haben würden*[150]. Diesen *gueten vndt allhier in Venedig [...] besten Discantgeiger,* der zufällig nach mehr als dreizehnjähriger Tätigkeit am Mantuaner Hof – *alda die Music uber alle ander höffe in gantz Italia ohnlengst floriret hatt*[151] – momentan ohne feste Anstellung sei, habe er, Schütz, bereits für ein Probejahr in Dresden gewinnen können. Die Kosten eines Engagements dieses Francesco Castelli teilt Schütz, verbunden mit einem diskreten Hinweis auf seine eigene Sparsamkeit, gleich mit. So war auch dieses Unternehmen erfolgreich. Mit Caspar Kittel und Francesco Castelli, zudem mit umfangreichen Beständen neuer italienischer Musik, kehrte Schütz im November 1629 nach Dresden zurück.

Dort nun versuchte Schütz mit Unterstützung der beiden «Italiener», die auch bei der Ausbildung der Kapellknaben mitgewirkt haben dürften, die Hofmusik zu reorganisieren. So schlägt er in einem *Memorial, die Vorbesserung der Music betreffend*[152], vor, zunächst einmal die Fähigkeiten aller Musikanten zu überprüfen, um festzustellen, *was vor imperfection in der Music sich befinden würde*[153]. Instrumentalisten, deren Spiel zu wünschen übrig lasse, sollten – schon aus sozialen Gründen – als (Chor-)Sänger weiterbeschäftigt, andererseits hervorragende Musiker – Schütz verweist hier namentlich auf einen Tenoristen Georg Hempel aus Eilenburg – neu verpflichtet werden.

Den Bemühungen um eine Revision der Hofmusik, die Schütz offensichtlich sehr intensiv verfolgte, auch um die in Italien gesammelten Kompositionen wenigstens mittelbar in Dresden realisieren zu können, standen jedoch die Kriegswirren entgegen, die anfangs des vierten Jahrzehnts des 17. Jahrhunderts größeres militärisches Engagement von Johann Georg I. erforderten. Zudem starb schon 1631 Francesco Castelli, auf dessen Mithilfe Schütz gerechnet hatte, und auch Caspar Kittel, der virtuose Theorbenspieler, war *gefehrlichen an einem hitzigen fieber krank gelegen*[154]. Im Herbst des Vorjahres, am 16. November 1630, war in Leipzig der Thomaskantor Johann Hermann Schein verstorben; der langjährige Freund hatte Schütz um die Komposition einer Begräbnismotette über Worte aus dem ersten Brief des Paulus an Timotheus (*Das ist je gewißlich wahr*, SWV 277[155]; Kap. 1, 15), gebeten. Und im darauffolgenden Sommer hat Schütz «mit Schmertzen erfahren müssen/ wie sein lieber Herr Vater Christoph Schütz gewesener Bürgermeister zu Weissenfels Anno 1631. am 25. Augusti und sein lieber Herr Schweher Vater Herr Christian Wildeck gewesener Churfürstl. Steuer- Buchhalter am 1. Octobris ejusdem anni [desselben Jahres] sich dieser Welt entzogen haben/ dahero er immer ein Betrübnüs über das ander bekommen hat»[156]. 1632 mußte Schütz Sorge auch um seine Mutter tragen. Nach einem Schlaganfall soll sie sich aufgrund der Musik ihres Sohnes wieder erholt haben; so konnte Paul Fleming, der diese Geschichte in seinem Vierten Odenbuch überliefert, Schütz mit dem mythischen Sänger Orpheus, dem Sohn des Thrakerfürsten Oiagros, vergleichen:

«Was ist's Not, daß wie vorzeiten
es Äagers Sohn gemacht,
du mit Liedern, Spiel und Saiten
fahrest in den finstern Schacht?
Schütz, auf deinen Namen blos
giebt der Tod die Toten los.»[157]

Schütz' Situation – beruflich und vielleicht auch privat – muß nun ähnlich unbefriedigend wie vor seiner Italienreise gewesen sein: «Und nachdem die bösen und unruhigen Kriegs-Zeiten noch keine Endschafft nehmen wollen/ ist er immer von einem Orth zum andern/ iedoch stets mit Permission [Erlaubnis] seiner gnädigsten Herrschafft verreiset/ sich theils in seiner edlen Music, umb desto mehr perfectioniret, theils von hohen Königl. und Fürstl Potentaten auff gnädigstes Begehren/ weit und breit berühmt gemachet.»[158] Es gab nur wenige Anlässe, die in Dresden «große» Musik erforderten; an die Verpflichtung auswärtiger Musiker war schon gar nicht mehr zu denken, wenn selbst die eigenen Mitglieder der Hofkapelle kaum noch bezahlt wurden. Und nicht nur deren Besoldung mußte Schütz immer wieder anmahnen, selbst den Hofkapellmeister ließ man um sein Honorar bitten.

Ernüchterung und Verbitterung über die Bedingungen, wie am Dresdner Hof Musik zu machen sei, verbarg Schütz nicht. So schrieb er in einem Brief an den Kurfürsten mit der Bitte um Freistellung zwecks einer Reise nach Dänemark, an den Hof Christians IV.: *Das bey Itzigen schwebenden Kriegsleufften wegen der aufwartung Ich gar wol abkommen könte, weil die anstellung einer weitleuftigen Music, dero Zeit beschaffenheit nicht groß erfordern thete, auch ohne dieses die gesellschafft der Instrumentalisten vndt Sänger an itzo zimlichen schwach vnd geringert worden, In deme etliche wegen alter vndt leibesbeschwerung nicht mehr fortkommen könten, theils auch den Kriegswesen, vndt sonst Ihrer gelegenheit nachge-*

Paul Fleming
(1609–1640)

zogen, dahero dann ohne des in grosser Music oder auf viel Chor zu Musiciren nicht möglich were. Hirnechst auch (: wann Gott die Zeiten verhoffentlich verbessern würde, vndt Ihre Churf Durchl meiner in sinn habenden intention nach rühmlich bedienet sein wolten:) doch eine zimliche Correction vndt verbesserung vnsers Collegii allerdings vndt nothwendiglich fürgehen müße.[159] Weniger diplomatisch als selbstbewußt gibt Schütz dem sächsischen Kurfürsten deutlich zu verstehen, daß in Dresden anspruchsvolle Musik weder ermöglicht noch überhaupt gefordert werde; andernorts kenne – und schätze – man seine Fähigkeiten durchaus und erbitte ihn zur musikalischen Gestaltung diverser Festlichkeiten, hier aber sei er wohl entbehrlich. Verbindlich, vielleicht aber auch höhnisch ist seine Schlußbemerkung, daß man ihn, den gefragten Kapellmeister und Komponisten von inzwischen europäischem Rang, jederzeit zurückrufen könne – falls es denn der Hofmusik wegen notwendig werden solle.

Wenn Johann Georg I. den Reiseplänen seines Kapellmeisters zustimmte, so nicht nur wegen dessen nachhaltigen Drängens. Anlaß der Reise waren vielmehr Vorbereitung und Ausgestaltung der Hochzeitsfeierlichkeiten des dänischen Prinzen Christian mit Magdalene Sibylle, der jüngsten Tochter des sächsischen Kurfürsten. Auf dem Weg nach Dänemark blieb Schütz für einige Zeit in Hamburg, wo er insbesondere mit den Organisten Jacob Praetorius und Heinrich Scheidemann, beide Schüler Jan Pieterszoon Sweelincks, zusammengetroffen sein dürfte. Nicht zu belegen allerdings ist eine Reise von Hamburg nach Amsterdam, wo Rembrandt Schütz porträtiert haben soll.[160] Das oft reproduzierte Bild zeigt, wie jüngere Studien ergaben, weder zweifelsfrei Heinrich Schütz, noch ist es authentisch.[161]

Weitgehendes Dunkel liegt auch über Schütz' Aufenthalt am dänischen Hof in Kopenhagen; Dokumente und Archivalien, wohl auch Schütz' Kompositionen, die er nach eigenen Angaben dort zurückließ, gingen beim Brand des Schlosses Christiansborg 1794 verloren. Unter dem wenigen, was belegt ist, fällt die Mitteilung auf, daß Schütz nur wenige Tage nach seiner Ankunft am 10. Dezember 1633 zum dänischen Hofkapellmeister ernannt wurde. König Christian IV. scheint sich sofort des Musikers versichert haben zu wollen, zumal der vormalige Stelleninhaber, Melchior Borchgrevinck – wie Schütz ein Schüler Giovanni Gabrielis – kurz zuvor verstorben war. Auch das verhältnismäßig großzügige Honorar, das Christian IV. Schütz zukommen ließ, deutet in die nämliche Richtung, so man es als Zeichen einer Wertschätzung des Dresdner Komponisten versteht. Doch zeigte Christian IV. sich auch andernorts den Künsten gegenüber aufgeschlossen. Er leistete es sich, generös zu sein. Die Hochzeit des Thronfolgers mit der sächsischen Prinzessin ließ man sich zwei Millionen Reichsthaler kosten, was nach dem Kurs der Zeit zwölf Millionen deutsche Taler waren.[162]

So minuziöse Berichte[163] über das «Königliche Beylager», das vom 5. bis 18. Oktober 1634 andauerte, vorliegen, so wenig ist dort von Schütz die Rede. Nur ein kleines Musikstück innerhalb eines großen allegorischen Aufzuges weist Heinrich Schütz als Komponisten aus, eine *Canzonetta à 4 Soprani con Sinfonie di duoi Stromenti*. «*O der großen Wundertaten*» (SWV 278), und auch dieses ist nur unvollständig erhalten, was die Musik betrifft: Sonderdrucke der Gesangsstimmen warfen sieben weißgekleidete Knaben während eines allegorischen Aufzuges von einem mit vier Pferden bespannten «Thronus Veneris» (oder Venusberg) in die Menge. Da zahlreiche andere Musiker und Komponisten an der musikalischen Gestaltung des Festes beteiligt waren – ein derartiges Großereignis verschaffte vielen Arbeit, und künstlerischer Austausch war eine nicht unwillkommene Begleiterscheinung –, mag tatsächlich von Schütz selbst nicht mehr komponiert worden sein. Ihm oblag, ähnlich wie bei der Torgauer Fürstenhochzeit 1627, mit der musikalischen Gesamtleitung lediglich die Verpflichtung, Musik bereitzustellen.

Über geistliche Werke, die er für diesen Anlaß geschrieben haben soll, lassen sich nur Vermutungen anstellen. Doch der Vielzahl von Hypothesen ist die nüchterne Bilanz von Niels Martin Jensen entgegenzusetzen:

Bildnis eines Musikers, um 1633. Das Gemälde wurde lange Zeit Rembrandt zugeschrieben und für ein Porträt von Heinrich Schütz gehalten

«Als Schütz ein einzelnes weltliches Lied für die Aufzüge komponierte, gab man es mit seinem Namen auf dem Titelblatt in Druck, und hieraus wäre zu folgern: Wenn der berühmteste deutsche Tonsetzer jener Zeit, entstammend einer der musikalischen Hauptstädte Europas, der weltof-

Kopenhagen im 17. Jahrhundert. Stich von Matthäus Merian

fenen Stadt Dresden, während seines ersten Kopenhagener Aufenthalts etwas größeres geschaffen hätte als ein singuläres Lied, dann ist es wohl kaum zu verstehen, daß sämtliche Quellen dies hätten verschweigen sollen.»[164]

Schütz verbrachte auch den Winter 1634/35, der ein besonders harter war[165], in Dänemark und verließ Kopenhagen erst am 4. Mai 1635. Der Paß, den man ihm ausgestellt hatte, hielt die Möglichkeit offen, jederzeit zurückzukommen. Zu Recht nahm Christian IV. an, daß Schütz dieses Angebot nutzen würde.

Den nicht nur musikalisch desolaten Alltag, den Schütz bei seiner Rückkehr nach Dresden vorfand, unterbrach bald schon ein neuer Auftrag, wenngleich nicht aus freudigem Anlaß. Der Geraer Fürst Heinrich Reuß, der den Beinamen Postumus trug, da der Vater wenige Wochen vor seiner Geburt verstorben war, bat Schütz um die Komposition einer Musik zu seinem Begräbnis, für das er selbst langwierige Vorbereitungen anstellte. So hatte er sich schon seinen Sarg beschafft, auf dessen Deckel und Seiten er zahlreiche Bibelverse und Kirchenliedzeilen mit Gedanken zu Tod und Auferstehung anbringen ließ.[166] Diese Texte, in deren Zentrum das Canticum Simeonis, «Herr, nun lässest du deinen Diener in Frieden fahren», steht, wollte Heinrich Reuß vertont wissen. Schütz, der sich dem musikliebenden Fürsten vielfach verbunden fühlte, nahm zunächst eine Redaktion des Textes vor und ordnete die Sprüche zu einem *Concert* [...] *in Form einer Teutschen Missa, nach art der Lateinischen Kyrie, Christe, Kyrie eleyson. Gloria in excelsis. Et in terra pax*, ergänzt durch eine doppelchörige Motette, *Herr, wenn ich nur dich habe*, sowie den *von Ihrer Seligen Gnaden bey dero herrlichen Leich beysetzung verordnete[n] Gesang Simeonis*[167]. Der liturgische Text ist im Kyrie-Teil der Begräbnis-Missa an den zwischen einzelne Bibel-Verse eingeschobenen Bitten um Erbarmen leicht erkennbar. Im Abschnitt, der das Gloria vertritt, sind jedoch auch diese Meßtexte paraphrasiert, wenngleich inhaltlich unschwer

Heinrich Postumus von Reuß (1572–1635)

auf die lateinische Vorlage zu beziehen. Zudem differenziert Schütz in der Besetzung liturgisch gebundene Partien, die dem sechsstimmigen Chor zugewiesen werden, und Ergänzungen freier gestalteter Soli, Duette usw.

Zweifellos der Höhepunkt dieser dreiteiligen *Musicalischen Exequien* aber ist der Schlußsatz, das Canticum Simeonis, in dem Schütz noch einmal Mehrchörigkeit grandios organisiert. Ein fünfstimmiger Chor (Mezzosopran, Alt, zwei Tenöre, Baß) trägt die Worte des greisen Simeon (Luk. 2, 29–32) vor; er soll, so Schütz in seinen Aufführungsanweisungen, *allernechst bey die Orgel [...] geordnet*[168] werden. Ein zweiter Chor repräsentiert in seiner Dreistimmigkeit die «Beata anima cum Seraphinis» (Bariton, zwei Soprane) und antwortet dem vorhergehenden mit Worten aus der Offenbarung des Johannes und dem Buch der Weisheit Salomos: *Mit welcher invention [...] der Autor die Freude der abgeleibten Sehligen Seelen im Himmel/ in Gesellschafft der Himmlischen Geister vnd heiligen Engel in etwas einführen vnd andeuten wollen*[169]. Wieder ist die räumliche Disposition essentieller Bestandteil einer Komposition, die zum Abbild von Sterben und Transzendierung wird. «Nun läßt du, Herr, deinen

Knecht, wie du gesagt hast, in Frieden fahren» – die Worte Simeons kurz vor seinem Tod singt der erste Chor stellvertretend für Heinrich Reuß, dessen Identifikation mit der alttestamentarischen Gestalt des Priesters so weit ging, daß er seine Beisetzung am 4. Februar, dem Begräbnistag Simeons, wünschte. Die Seele des Fürsten aber ist, wie der zweite Chor schildert, bereits an anderem Ort.

Der Druckfassung seiner *Musicalischen Exequien*, die 1636 in Dresden erschien, stellte Schütz ein Nachrufgedicht voran, das die Verdienste Reuß' für die Kunst, doch auch die fatale Situation der Zeit spiegelt:

Indem was gutes nur war vormals angerichtet/
Nun lieget gantz vnd gar zertreten vnd zernichtet/
All' Ordnung ist zertrennt/ Gesetze sind verkehrt/
Die Schulen sind verwüst/ die Kirchen sind zerstört?/
Daß eben auch darzu diß Vnglück muste kommen/
Daß Ihr/ O werther Held/ vns würdet hingenommen/
Durchs Todes Wüsterey/ in der so trüben Zeit/
Vnd mehren vns dadurch so sehr die Noht vnd Leid?
Der Ihr den Musen wart jhr Schirm/ Schutz/ Freud vnd Wonne/
Der Ihr der Gottesfurcht wart eine helle Sonne/
Der Ihr habt Schulen neu- vnd Kirchen aufferbaut/
Vnd sie bestellet wol/ vnd embsig zugeschaut/
Damit der Gottesdienst werd ohne falsch geführet/
Vnd mit Gesang vnd Klang auffs lieblichste gezieret.[170]

Heinrich Schütz hatte einen weiteren fürstlichen Freund verloren; Landgraf Moritz war schon einige Jahre zuvor verstorben. Und in den anhaltenden Kriegswirren wurden auch die Möglichkeiten geringer, durch Reisen, künstlerische Verpflichtungen oder Studien andernorts einer Realität zu entfliehen, die Schütz immer wieder einholte: «Der liebe GOTT aber hat ihn dieses sein Glück und hohe Ehre allezeit bey seiner Zurück-Kunfft mit Traurigkeit versalzen/ Indem ihn Anno 1632. sein Bruder M. Valerius Schütz/ Anno 1635. seine liebste Frau Mutter Anno 1636. seine Frau Schwieger Mutter/ Anno 1637. sein Herr Bruder Doctor George Schütze/ und Anno 1638. seine liebe Tochter Jungfer Anna Justina in Dreßden verstorben/ und er dadurch in ein langwieriges Trauern und Betrübnüs gesetzet worden ist.»[171] Verdrängung – so sie denn in Reisen oder Musik gesucht wurde – gelang nicht.

Musicalische Exequien

Wie solche bey herrlicher vnd hochansehnlicher Leichbestattung/
Deß weylandt Hochwolgebornen Herrn/

Herrn HEINRICHEN

deß Jüngern vnd Eltisten Reußen/ Herrn von Plauen/ Röm.
Kays. Majt. gewesenen Rahts/ Herrn zu Gretz/ Cranichfeldt/
Gera/ Schleitz vnd Lobenstein/ etc. nunmehr Christ-
seligen Andenckens

Jüngsthin den 4 Monatstag Februarii zu Gera/ vor vnd
nach der Leichpredigt gehalten/ vnd ihrer wolseligen Gnaden/ bey
dero lebzeiten wiederholten begehren nach/ in eine stille verdackte Orgel
angestellet vnd abgesungen worden/
Mit 6. 8. vnd mehr Stimmen zugebrauchen/
Auch

Mit beygefügten zwiefachen Basso Continuo dem einen vor die
Orgel/ dem andern vor den *Dirigenten* oder vor den *Violon*, bey wel-
chem vor her ein absonderlich Verzeichnüß/ deren in diesem Wercklein
begrieffenen Musicalischen Sachen/ sampt den Ordinantzen
oder Anstellungen/ an den gönstigen Leser/
zubefinden.

Zu vnterthänigem letzten Ehren Gedächtnüs auff begehren
In die Music versetzet/ vnd in Druck gefertiget
Durch

Heinrich Schützen Churf. Sächs. CapellMeistern.

Bedruckt zu Dreßden/ bey Wolff Seyffert/ Im Jahr/
1 6 3 6.

Titelblatt der «Musikalischen Exequien» von Heinrich Schütz, 1636

Musik im Krieg

WElcher Gestalt vnter andern freyen Künsten/ auch die löbliche Music/ von den noch anhaltenden gefährlichen Kriegs-Läufften in vnserm lieben Vater-Lande/ Teutscher Nation/ nicht allein in grosses Abnehmen gerathen/ sondern an manchem Ort gantz niedergeleget worden/ stehet neben andern allgemeinen Ruinen vnd eingerissenen Vnordnungen/ so der vnselige Krieg mit sich zu bringen pfleget/ vor männigliches Augen/ ich erfahre auch solches wegen etzlicher meiner componirten Musicalischen Operum selber/ mit welchen ich aus Mangel der Vorlegere biß anhero/ wie auch noch anjetzo/ zurück stehen müssen/ biß vielleicht der Allerhöchste bessere Zeiten förderlichst gnädig verleyhen wolle. Vnterdessen aber/ vnd damit mein von GOtt verliehenes Talentum in solcher edlen Kunst nicht gantz ersitzen bleiben/ sondern nur etwas weniges schaffen vnd darreichen möchte, habe ich etzliche kleine Concert auffsetzen/ vnd gleichsam als Vor-Boten meiner Musicalischen Werck zur Ehre Gottes anjetzo herauß-geben [...] wollen.[172]

Schütz' Intention, 1636, im Chaos des Krieges, das vielfältig belegt ist, *Kleine Geistliche Konzerte* zu publizieren, bleibt nach diesen einführenden Sätzen mehrdeutig. Ob er selbst die Notwendigkeit sah, für die an vielen Orten geringer werdende Zahl von Musikanten nun klein besetzte, also ein- bis fünfstimmige Vokalmusik ohne obligate Instrumente zu schreiben, damit der Gottesdienst nicht gänzlich ohne musikalischen Schmuck sei, oder ob der Verleger ihn anhielt, den verringerten Möglichkeiten entsprechende «kleine» Musikstücke zu verfassen, für die Publikum und Markt zu erwarten waren, ist nicht mehr zu klären. Schütz jedenfalls hätte, dies zumindest geht aus seiner Vorrede hervor, ebenso gern – vielleicht sogar lieber – umfangreicher besetzte Kompositionen publiziert.

Von hier aus könnte es scheinen, als sei die Reduktion der musikalischen Mittel weniger künstlerisch intendiert als einer Einsicht in die beschränkten Möglichkeiten dieser Jahre entsprungen. Die kaum zu übersehende Vielfältigkeit der 24 Kompositionen dieses ersten Teils der *Kleinen Geistlichen Konzerte* (Opus 8; SWV 282–305), zum Teil Überarbeitungen mehr als zehn Jahre zuvor entstandener Einzelstücke, läßt

Titelblatt der «Kleinen Geistlichen Konzerte» (Erster Teil) von Schütz, 1636

jedoch auch den Schluß zu, daß dieser Sammelband nach verlegerischen und damit kommerziellen Aspekten konzipiert wurde. Und die rasche und weite Verbreitung dieses Kompendiums, die eine lateinische Textierung einzelner Konzerte noch förderte, verweist auf ein gelungenes Kalkül, das es opportun erscheinen ließ, nur wenige Jahre später einen weiteren Band solcher Vokalkompositionen folgen zu lassen. Dieser zweite Teil der *Kleinen Geistlichen Konzerte*, nunmehr 31 Nummern umfassend (Opus 9; SWV 306–337), steht dem ersten an Heterogenität – textlich wie musikalisch – nicht nach.

Die Verringerung der musikalischen Mittel, die Reduzierung der Besetzung wie die satztechnische Ausdünnung kleiner geistlicher Konzerte wurden jedoch, von der Geschichte der Gattung her betrachtet, nicht von ungünstigen äußeren Bedingungen diktiert, sondern entsprangen der Idee, den Text, der in der Polyphonie der Motette oft nur noch zu ahnen war, nunmehr als die eine Komposition beherrschende Kategorie anzusehen. So war man am Ende des 16. Jahrhunderts in Italien mehr und mehr dazu übergegangen, in vielstimmigen, motettischen Kompositionen einzelne Stimmen durch ein Generalbaßinstrument zu ersetzen, wobei allerdings gelegentlich auch für das Verständnis des Textes wichtige Satzteile fortfielen. Ludovico da Viadana war der erste, der dieses auch musikalisch wenig befriedigende Verfahren kritisierte und die Vorgehensweise beim Komponieren umkehrte. Seine 1602 erschienenen «Cento concerti ecclesiastici» (Hundert kirchliche/geistliche Konzerte), in denen die Abhängigkeit von der kontrapunktischen Struktur der Motette unübersehbar ist, sind bereits geringstimmig konzipiert. Die Kombination von Solostimme(n) und Continuo erlaubt größere Textverständlichkeit und bietet dem Komponisten zugleich reichere Möglichkeiten inhaltlicher Deutung. Viadanas Sammelband fand zahlreiche Neuauflagen, auch in Deutschland, und das von ihm präsentierte Modell diente nicht nur in Italien vielen zum Vorbild. Die 1616 erschienenen «Harmoniae sacrae» des Nürnberger Organisten Johann Staden lassen den Einfluß Viadanas ebenso erkennen wie Johann Hermann Scheins «Opella nova» (1618), der bezüglich der Ausführung seiner Cantus-firmus-Konzerte auf die Bemerkungen des Italieners in dessen Vorrede zu den «Cento concerti ecclesiastici» verweist.[173]

Schütz, dem die Werke von Staden, Schein und Viadana, vermutlich auch ähnliche Kompositionen Melchior Francks wie Samuel Scheidts bekannt gewesen sein dürften, griff diese Idee, Text und Musik zu musikalischer Rede zu verbinden, nicht erst in seinen *Kleinen Geistlichen Konzerten* auf. Hier aber, insbesondere im einstimmigen Gesang, nicht mehr in dem Rezitativ eines Evangelisten oder dem Dialog biblischer Personen, ergab sich nunmehr die Möglichkeit, über die Darstellung von Affekten hinaus Sprache nach rhetorischen Prinzipien musikalisch zu formen, gleichsam das umzusetzen, was Michael Praetorius im dritten Band seines «Syntagma musicum» von einem Sänger fordert, der nicht «allein mit einer herrlichen Stimme von Natur/ sondern auch mit gutem Verstand» versehen sein soll: «Gleichwie eines Oratoris Ampt ist/ nicht allein eine Oration mit schönen anmutigen lebhafftigen Worten vnnd herrlichen Figuris zu zieren/ sondern auch recht zu pronuncijren, vnd die affectus zu moviren [Gefühle zu bewegen]: In dem er bald die Stimmen erhebet/ bald sincken lesset/ bald mit mächtiger vnd sanffter/ bald mit gantzer und voller Stimme redet: Also ist eines Musicanten nicht allein singen/ besondern Künstlich und anmütig singen: Damit das Hertz der Zuhörer gerühret/ vnd die affectus beweget werden/ vnd also der Gesang seine Endschafft [Zweck]/ dazu er gemacht/ vnd dahin er gerichtet/ erreichen möge.»[174]

Schütz entspricht diesem Anliegen, indem er dem ersten Konzert seines 1636 erschienenen Sammelbandes den Vermerk *In Stylo Oratorio* voranstellt, der, oft programmatisch gedeutet, zunächst jedoch nur auf die Vortragshaltung dieses Einleitungssatzes zielt; beginnt doch der Text des Solokonzerts – kaum ungewöhnlich bei einem ersten Stück einer Sammlung geistlicher Musik – mit der Eröffnungsformel: «Eile, mich, Gott, zu erretten!» Um den Sänger, der in seinem Stimmbuch natürlich nur die Vokalpartie ersah, auf die Continuo-Begleitung dieses ehedem formelhaften und von Schütz auch tongetreu übernommenen liturgischen Einleitungsverses hinzuweisen, mußte er ihm mit der Vortragsanweisung verdeutlichen, daß die Eingangsfloskel hier substantieller Bestandteil einer Komposition war, die gerade diesen Grundgedanken des Hilferufes weiter ausführte. Das unmittelbar Dringliche der Bitte – fast ein atemloses Hineinstürzen in den Gesang – wird durch erregte Deklamation illustriert, ungeheuer plastisch in der voreiligen Synkope des dritten Taktes. Fängt sich der Sänger in reihendem Bericht und Erzählung wie dann im Lobpreis seines Gottes, so provoziert die Erinnerung überall schreiender Gegner einen neuerlichen Ausbruch. Der vielfältigen Bedrängung nicht mehr Herr, artikuliert der Sänger sie, kindlich fast, durch benennenden Hinweis: «Da», «da» und «da»! Und noch einmal, die eigene Schwäche erinnernd, überstürzt sich der Ruf nach dem Helfer.

Kaum zufällig aber dürfte dieses – schon im Vergleich mit den nachfolgenden Konzerten – besonders exaltierte Stück am Anfang eines Sammelbandes stehen, der inmitten des Dreißigjährigen Krieges veröffentlicht wurde. Text und Musik entsprechen zu genau einem häufig beschriebenen und vermutlich weit verbreiteten Gefühl der Zeit, als daß man nicht auch verlegerisches Kalkül unterstellen könnte.

Der Gedanke, solistischen Gesang als gesteigerte Rede zu verstehen und Musik nach Prinzipien der Rhetorik zu organisieren, erscheint in Schütz' *Kleinen Geistlichen Konzerten* in besonders ausgeprägter Weise. Deklamation und Gestus des Redners werden hier nicht nur mit musikalischen Mitteln, insbesondere Melodik und Rhythmik, nachgebildet; auch Stilelemente der Redekunst wurden für die Komposition adaptiert. Dabei übernahmen die Musiktheoretiker des 17. wie auch des 18. Jahrhunderts noch die Namen solcher Kunstgriffe aus der Rhetorik.

Naheliegend – und auch in mittelalterlichen Lektionstönen bereits realisiert – ist es, melodische Verläufe der Sprache in der Musik nachzuzeichnen, das Ende von Aussagesätzen abklingen zu lassen, andererseits bei Fragen die Schlüsse aufwärts zu führen. Ausrufe und Einwürfe, Zäsuren und Pausen sind ebenso wie Sprachfluß und Wechselrede, nachdrückliche und beiläufige Diktion musikalisch leicht umzusetzen. Doch versuchten Komponisten und Theoretiker um 1600 auch, stilistische Mittel der Rede in die Musik zu übertragen, etwa gleichlautende Anfänge mehrerer Sätze, Satzteile oder Phrasen (Anapher), Steigerungen (Climax), auch mit Wiederholungen und Erweiterungen einzelner Glieder (Grada-

Eile, mich, Gott, zu erretten

SWV 282

Eröffnungssatz der «Kleinen Geistlichen Konzerte», 1. Teil, Dresden 1636 (SWV 282)

tio, Epizeuxis, Auxesis), Worthäufungen oder Reihungen (Congeries). Von lautmalerischen Wörtern und Wendungen aus, die ihre musikalische Gestalt gleichsam mit sich führen, erschloß sich ein weites Feld kompositorischer Möglichkeiten, zunächst Bewegungsmomente («aufsteigen», «absteigen», «gehen», «laufen»), dann zahlreiche andere Verben («werfen», «blitzen», «schlafen», «erwachen»), besonders auch des Empfindens («seufzen», «lachen», «trauern», «klagen»), nachzuzeichnen.

Daneben aber nutzten die Komponisten genuin musikalische Begriffe zur Ausgestaltung, schließlich zur Deutung eines Textes. Die Technik des Kanons, in dem eine Stimme der andern «nachfolgt», konnte zur Interpretation eines Bibelwortes von Gesetz und Gehorsam verwendet werden, unvermittelte Einklänge im mehrstimmigen Satz Übereinstimmung und Ausgleich symbolisieren. Auch die Notation eines Musikstückes, zwar nur den Ausführenden ersichtlich, wurde als Mittel zur Textdeutung genutzt. So konnten «schwarze» Noten, kleinere Werte also mit ausgefülltem Notenkopf, Bereiche von Dunkelheit, metaphorisch von Tod und Hölle, bezeichnen. Noch die Lage einer musikalischen Phrase im Notensystem war mitunter abbildend; durch entsprechend vorgezeichnete Schlüssel wurden Extrembereiche im Notenbild auffällig verstärkt, besonders hohe oder tiefe Partien zur Aussage in Beziehung gesetzt.

Bediente sich ein Komponist bei der Vertonung eines Textes dieser Gestaltungsmittel, war die Gefahr groß, insbesondere bei ausdrucksbetonten Wendungen in Konflikt mit den Regeln strenger musikalischer Satztechnik zu geraten. Um jedoch nicht eine Beliebigkeit subjektiver Ausdrucksmittel zulassen zu müssen, mühte man sich in der zeitgenössischen Musiktheorie, Ausnahmen vom traditionellen Lehrwerk zu beschreiben und zu klassifizieren, um sie im Unterricht verfügbar zu machen und letztlich zu legitimieren. Solcherart satztechnische Figuren sind Versuche einer musiktheoretischen Deutung und Begründung kompositorischer Sachverhalte. Sie sind hinreichend zur Beschreibung der technischen Außenseite von Musikstücken, kaum jedoch geeignet, ein dichtes Wort-Ton-Verhältnis, die musikalische Interpretation eines Textes, zu erfassen.

In gleicher Weise, wie Musiker und Wissenschaftler Elemente der Rhetorik für die Produktion und Beschreibung von Vokalkompositionen nutzbar zu machen suchten, übertrug man auch Anweisungen, eine Rede zu konzipieren, auf die Musik. Schwierig allerdings dürfte es sein, das sprachliche Modell klassischer Redekunst (einleitender Bericht – These – Beweis – Vorwegnahme und Widerlegung von Gegenargumenten – Schlußwort) auf Musikstücke anzuwenden. Eine eindeutige Bestimmung entsprechender Situationen anhand kompositorischer Strukturen gelingt kaum. Das Verfahren jedoch, eine Rede zu verfertigen, also einen Gedanken zu formulieren, ihn zu entwickeln, auszuschmücken, schließlich an dem Vortrag zu feilen, kann mühelos eine Entsprechung in der Musik finden.

Die Anlehnung der Musik an Prinzipien der Rhetorik, entstanden als Übernahme einer differenzierten Didaktik der Redekunst in den Kompositionsunterricht, war für den einzelnen Komponisten weniger verbindlich als nützlich. Unter der Maßgabe, regelmäßig, gegebenenfalls zu jedem Sonn- und Feiertag des Jahres, ein Musikstück zu schaffen, konnte ein Kirchenkomponist dankbar auf derartige handwerkliche Anleitungen zurückgreifen, als Basis gewisse Stereotypen benutzen und diese individuell erweitern oder abwandeln. Das vielzitierte «Komponieren mit der Rhetorik in der Hand» dürfte weniger Einengung als Hilfestellung gewesen sein, Texte in eine musikalische Sprache zu übersetzen, deren allgemeine Verständlichkeit gesichert war. Qualitative Unterschiede werden dabei zwischen mehr oder minder formelhaften, eher kunstgewerblichen Kompositionen und Stücken, in denen sich eine eigenwillige Interpretation der textlichen Vorlage findet, sehr schnell deutlich. Besonders aufschlußreich ist dazu die Betrachtung von Parallelvertonungen gleicher Textausschnitte. Frühformen und erste Fassungen, wie sie von einzelnen Stücken der *Kleinen Geistlichen Konzerte* Schütz' vorliegen, lassen rasch Differenzierungen und Entwicklungen in der Intensität des Wort-Ton-Verhältnisses in seinem Œuvre erkennen, die die 1636 publizierten Stücke als Höhepunkt eines kompositorischen Verfahrens erscheinen lassen.

Für Schütz' Leben und Wirken in den Jahren bis zur Veröffentlichung des zweiten Teils *Kleiner Geistlicher Konzerte* (SWV 306–337; erschienen 1639) sind vergleichsweise wenig Anhaltspunkte zu ermitteln. Ein Brief vom 1. Februar 1637, in dem er den Kurfürsten Johann Georg I. um Genehmigung einer weiteren Reise nach Kopenhagen bittet, ließ lange Zeit vermuten, daß Schütz erneut am Hofe Christians IV. tätig war. Doch finden sich keinerlei Belege für eine Reise, wohl aber ein Paß für Matthias Weckmann, einen Schüler Schütz', der den Hofkapellmeister offensichtlich am dänischen Hof vertrat.[175] Jenes Schreiben vom Frühjahr 1637 zeugt erneut von den unvorteilhaften Arbeitsbedingungen, die Schütz in offenen Worten ausspricht: *Demnach Itziger Zeit vndt bey noch anhaltenden Kriegswesen, weder Ihrer Churf. Durchl. noch dero Capell mit meiner Person sonderlich gedienet sein könte, vndt Ich dahero mit einem wordt zusagen, fast weder Gott noch menschen, Am allerwenigsten aber mir selbsten nütz were.*[176] Dem resignativen, fast defätistischen Ton seiner Worte nach scheint auch die persönliche Situation von Schütz wenig erfreulich gewesen zu sein, und der Tod seines Bruders Georg am 17. April 1637 sowie seiner älteren Tochter Anna Justina im Frühsommer 1638 dürften diese Stimmung kaum gehoben haben.

In dieser Zeit wird sich Schütz vor allem mit der Überarbeitung, der Ergänzung und Zusammenstellung der Stücke für den zweiten Band seiner *Kleinen Geistlichen Konzerte* befaßt haben. Lediglich ein größeres Auftragswerk galt es für die Hochzeit des sächsischen Kurprinzen Johann Georg mit Prinzessin Magdalena Sibylla von Brandenburg im November 1638 auszuführen. Doch die Musik, die Schütz für ein von

Kriegsgreuel. Szenen aus Jacques Callot, «Misères de la Guerre», 1633/35

August Buchner verfaßtes Ballett *Orpheus* schrieb, ist verschollen. Möglicherweise ist mit dem Hohelied-Dialog *Ich beschwöre euch, ihr Töchter zu Jerusalem* ein Überrest der für diesen Anlaß geschriebenen Trauungsmusik erhalten.[177]

Mögen sich die Arbeitsbedingungen im Umfeld der Hochzeit vielleicht episodisch verbessert haben, so sind die Klagen von Schütz über den zunehmenden Verfall der Kunst im Vorwort des zu Pfingsten 1639 veröffentlichten zweiten Teils *Kleiner Geistlicher Konzerte,* den er dem jüngsten Sohn Christians IV., dem dänischen Prinzen Frederik, widmete, um so heftiger: *Zwar muß ich mich schemen/ mit einem so kleinen vnnd schlechten Wercklein vor deroselben zu erscheinen/ Nun aber die Boßheit der ietzigen/ den freyen Künsten widrigen Zeiten/ meinen anderweit/ sonder Ruhm/ bey Handen habenden bessern Wercken/ das Liecht nicht gönnen wollen/ hat es bey diesem geringen für dißmal verbleiben müssen. Solten aber die ietzo vnter den Waffen gleich als erstickten/ vnd in den Koth getretenen Künste/ durch GOttes Güte/ zu voriger Würde vnd werth wieder erhoben werden/ mir auch der Höheste biß dahin das Leben fristen würde/ wil so dann bey E. HochFürstl. Durchl. mit einem reichern Pfande/ meiner schuldigkeit nach/ einzukommen/ ich vnvergessen seyn.*[178]

Gegenüber dem ersten Teil enthält der spätere Sammelband auch umfangreichere Stücke, die tendenziell stärker durchformt, kompositionstechnisch raffinierter und sängerisch virtuoser gestaltet sind. «Klein» sind diese wiederum bis zu fünfstimmigen Konzerte nur insofern, als auf die Mitwirkung von Instrumenten – mit Ausnahme ritornellhafter Umrahmungen im Verkündigungsdialog *Gegrüßet seist du, Maria* – verzichtet wird.

Kurze Zeit nach der Publikation dieses Sammelbandes, im Herbst 1639, nahm Schütz einen Auftrag Herzog Georg von Calenbergs an, die Musik am Hof zu Hannover neu zu organisieren. Detaillierte Informationen über seine Tätigkeit, die auch das Jahr 1640 einnahm, fehlen.

Im Anschluß an seine Rückkehr nach Dresden richtete Schütz am 7. März 1641 ein dringliches Schreiben an Kurfürst Johann Georg, die offensichtlich inzwischen völlig marode Hofkapelle zu sanieren. Gleichwie ein *Medicus einer gefehrlichen Krankheit, ehe sie gantz thödlich wirdt,* entgegentritt, so wolle er nicht unterlassen, *unserm gleichsamb als in letzten Zügen liegenden Corpori Musico, aus mir obliegenden schuldikeit, hirmit zu succuriren [zu Hilfe zu eilen].*[179] Die Kapelle sei überaltert, etliche Mitglieder hätten es vorgezogen, andernorts ihr Auskommen zu suchen; doch wäre die Hofmusik schon zu retten, wenn man sich bereit fände, vier Kapell- oder Sängerknaben sowie dieselbe Zahl junger Instrumentalisten zu *alimentiren [versorgen]* und ausbilden zu lassen. Schütz nennt nicht nur einige Namen möglicher Kandidaten wie Lehrer, sondern fügt auch eine präzise Kostenaufstellung hinzu. Dann erlaubt er sich, den Kurfürsten darauf hinzuweisen, daß die Unterhaltung einer Hofkapelle keineswegs überflüssiger Schmuck, sondern dem Herrscher geradezu eine moralische Verpflichtung sein müsse: *Sie erweisen ferner dem l. Gott diejenige schuldikeit undt Ehre, welche Er selbst in seinem Wort, zu seinem lobe angeordnet undt befohlen, auch alle Gottselige Potentaten vor undt nach der Geburth unsers Herren und Seligmachers Jesu Christi, in ihrer heiligen Versamblung ihm gegeben haben, Sie erhalten auch hiermit an Ihrem Churfl Hoffe diejenige Profession, welche nichts minder (: als die Sonne unter den Sieben Planeten:) also auch unter den Sieben freyen Künsten, in deren Mitten helle glentzet und weit leuchtet, Wer weis auch ob bey Itziger schweren Regierungslast, E. Churfl Durchl hierdurch nicht mehrmals in ihrem gemüthe erqviket, vndt von dem lieben Gott, mit gueter bestendiger langwüriger gesundtheit, undt andern Churfl Wolergehen desto reichlicher hinwiederumb gesegnet werden möchten?*[180]

Es wäre jedoch zu einfach, wollte man das Fehlen einer Antwort des Kurfürsten auf Schütz' ausführliche Vorschläge lediglich einem Desinteresse an der Musik oder einer zu starken Inanspruchnahme durch militärisch-politische Fragen anlasten. Neuere Funde[181] von Archivalien zeigen, daß auch der Kurprinz vermutlich schon seit seiner Hochzeit im Jahre 1638 einen kleinen Kreis ausgewählter Musiker um sich versammelt hatte, die Johann Georg I. in seine Kapelle zu integrieren wünschte. Vornehmlich Besoldungsfragen – konkurrierende Ansprüche dienstälterer Musikanten und jüngerer Spezialisten – scheinen einen Ausgleich unmöglich gemacht zu haben.

Schütz seinerseits wandte sich dem musikalisch ambitionierten Prinzen zu – ihm hatte er mehr als ein Jahrzehnt zuvor seine *Symphoniae sacrae I* gewidmet – und schlug ihm mit Erfolg in einem Brief vom 14. September 1641 ein Engagement etlicher Musiker, die zum Teil seine Schüler waren, vor: namentlich den Organisten Matthias Weckmann, Philipp Stolle als Theorbenspieler, Friedrich Werner und Augustus Tax als weitere Instrumentalisten in leitenden Funktionen, daneben Knaben, die *zu einer guten italienischen Manier in Singen [zu] gewehnen*[182] seien.

Mit relativ reicher Besetzung, über die ein Memorial von Schütz informiert[183], konnte so die Taufe Sibylla Marias, des am 16. September 1642 geborenen ersten Kindes des Kurprinzen, festlich ausgestaltet werden, bevor Schütz – mit vielen dieser Musikanten – erneut nach Kopenhagen aufbrach. Mehr als die bloße Tatsache, daß er im November dieses Jahres die Musik zur Doppelhochzeit der Zwillingstöchter des dänischen Königs Christian IV. mit Hannibal Sehested und Ebbe Ulfeldt geleitet hat, ist über Schütz' Aufenthalt in Kopenhagen, der bis zum Mai 1644 andauerte, nicht bekannt.

Auf der Rückreise machte er in Braunschweig Station. Zum Jahreswechsel bereitete er dort mit Justus Georg Schottelius eine Theateraufführung vor. Doch ist seine Musik zu dem Singspiel *Theatralische neue Vorstellung von der Maria Magdalena* wie die Mehrzahl seiner weltlichen Werke verloren. Auch im Frühjahr 1645 ist ein Aufenthalt von Schütz in Braunschweig nachzuweisen, wo er am 23. Februar die Patenschaft für das dritte Kind Delphin Strungks, des Organisten der Marienkirche, übernahm. Von hier aus ergaben sich weitere Verbindungen zum Hofe nach Wolfenbüttel. Herzogin Sophie Elisabeth bat um seinen Rat beim Aufbau einer neuen Hofmusik.[184]

Herzogin Sophie
Elisabeth von Braunschweig-Wolfenbüttel
(1613–1676)

Berücksichtigt man, daß Schütz annähernd drei Jahre nicht oder nur sporadisch in Dresden anwesend war, so kann es kaum überraschen, wenn er um die Zeit seiner *hinauffkunfft nacher Dresden* feststellen muß, daß die *Churfürstliche hoffmusic bey diesen wiedrigen Zeiten gentzlich zu grunde gegangen*[185] ist. Nunmehr sechzigjährig, fühlt Schütz, daß *Ich dabey auch alt worden were, und da gleich hiernechst etwa eine restauration derselbigen furgenommen werden solte, an meinem ort mir doch ohnmöglich fallen würde, junge leute, wie vonnöthen mit einem teglichen continuirlichen Exercitio wiederumb anzuführen, das Werk in schwang zu bringen undt dasselbige, ferner gebürlich zu dirigieren*[186]. Sein *Eintziger Wunsch* ist, *das Ich hinfuro von aller ordinari auffwartung befreyhet* werde; nichtsdestoweniger zeige er sich *erbötig, So lange als Gott mir gesundheit und Kräffte verleihen würde, das CapellmeisterAmbt undt Directorium über die Churfl Music, ferner auff mir zu behalten.*[187] Bei Feierlichkeiten oder repräsentativen Anlässen stehe er dem sächsischen Hof zur Verfügung, wie er denn auch dem dänischen König zugesagt habe, bei *solenniteten [Feierlichkeiten] dero örter, undt auff anforderung […] wieder[zu]kommen undt solche zeit uber das Directorium über die Königl*

Music daselbst[188] zu führen. Zu alt fühlte Schütz sich lediglich für die tägliche Arbeit.

Auch in einem nur wenige Monate später an den Kurfürsten gerichteten Brief verweist Schütz auf sein Alter, das es ihm schlechterdings unmöglich mache, die notwendige Reform der Hofkapelle durchzuführen. Seine ordentliche Anstellung möge in eine Provision verändert werden, da er *wegen meines numehr heran gekommenen alters, vndt sonder ruhm von jugendt an, ausgestandenen zimlichen arbeit, vielen Reisens v.[nd] studierens, mir numehr nach einen geruhigern Zustande und mehrern freyheit (:worbey Ich doch zu gleich meine unterschiedliche angefangene Musicalische Wercke zu compliren [vollenden] gedechte:) höchlich verlangen thete.*[189] Selbstverständlich wolle er auch in Zukunft mit Rat und Tat zur Stelle sein, und diesmal fügt Schütz umfangreiche Anmerkungen, *Betreffende nun die Restaurirung oder wieder anrichtung der Churfl Hoff-Capelle*[190] bei. Drei Gruppen, so schlägt er vor, solle man nacheinander wieder einführen: Anzufangen sei mit den Kapellknaben, erst später könne man Instrumentalisten ergänzen und schließlich auch Sänger verpflichten, die man jedoch nur schwer finde und *vielleicht auch zum theil gar unter den Italienern würde suchen müssen*[191]. Die Leitung der Hofkapelle solle Johann Georg Hoffkuntz übernehmen, Hoforganist aber Caspar Kittel werden. Seine eigene Aufgabe sehe er *nicht eben in allezeit persönlicher gegenwardt undt auffwartung, sondern vielmehr in auffsetzung undt zurichtung allerhand gueter Musikalischen sachen auch beobachtung des gantzen Werks, und das die collegia der Vokalisten Instrumentalisten und Capellknaben in gueter Ordinantz undt ubung gehalten werden möchten*[192].

Ob und wie Johann Georg auf diese Vorschläge einging, ist aus Dokumenten nicht zu ersehen. Zahlreiche kleinere, nicht nur private Reisen, die Schütz in den nächsten Jahren nach Weißenfels, Weimar, Leipzig und Wolfenbüttel unternehmen konnte, deuten jedoch auf ein entgegenkommendes Verhalten des Kurfürsten.

Unter den Kompositionen von Schütz, die aus dieser Zeit überliefert sind, fällt ein Werk auf, das sich gattungsmäßiger Bestimmung wie liturgischer Einordnung entzieht: Die *Sieben Wortte unsers lieben Erlösers und Seeligmachers Jesu Christi, so er am Stamm des Heiligen Kreuzes gesprochen, gantz beweglich gesetzt von Heinrich Schütz* (SWV 478). Das Werk nimmt nicht nur eine Mittelstellung zwischen Motetten und Historien ein, sondern steht ebenso zwischen Oratorium und Passionsvertonung. Fünfstimmige Choralbearbeitungen des Passionsliedes «Da Jesus an dem Kreuze stund» bilden einen äußeren Rahmen, eine fünfstimmige Sinfonia, die vor dem Schlußchor wörtlich wiederholt wird, fungiert als zweite Introduktion. Nach solch doppelter Einleitung werden dann die Worte des Evangelisten von verschiedenen, teilweise auch mehreren Stimmen übernommen und die Christus-Worte zusätzlich von zwei

Streichinstrumenten, vorzugsweise wohl Gamben, begleitet. Satztechnische Mittel sind keineswegs prunkend, sondern sehr diskret verwendet; das kleine Werk wirkt schon wegen der zweifachen Rahmung still, doch äußerst konzentriert.

1647 schienen sich die Zeitumstände zum Besseren gewendet zu haben, da Schütz nunmehr einen neuen Band mit Kompositionen, sein Opus 10, vorlegen konnte. Noch während seines Aufenthaltes in Dänemark entstanden und dem König Christian IV. vor seiner Abreise in Reinschrift übergeben, hatten diese *Symphoniae sacrae II* schon eine unautorisierte Verbreitung gefunden. Sie waren *unfleissig und mangelhafft abgeschrieben/ hinn und wieder ausgestreuet/ und fürnehmen Musicis auch in die Hände gerathen*[193], wie Schütz in einer ausführlichen Einleitung vermerkt, so daß er nun gehalten sei, die – inzwischen noch einmal revidierten – Originalversionen mitzuteilen.

Christian IV. (1577–1648), König von Dänemark.
Schloß Gripsholm

Die ersten seiner *Symphoniae sacrae,* die mit lateinischem Text 1629 in Venedig veröffentlicht wurden, seien, wie er erfahren habe, auch in Deutschland *fleissig musiciret* worden, dabei häufig mit deutschen Übersetzungen. Deshalb, so Schütz weiter, habe er *derogleichen Wercklein auch in unserer Deutschen Muttersprache*[194] zu komponieren versucht, und zwar nach einer in *unserm lieben Vaterlande [...] bey dem meisten theil noch verborgen gebliebenen heutigen Italianischen Manier/ beydes dero composition und rechten Gebrauch betreffende/ (wordurch doch nach des scharfsinnigen Herrn Claudii Monteuerdens Meynung [...] die Music nunmehr zu jhrer entlichen Vollkommenheit gelanget seyn soll).*[195] Sei zwar schon die italienische Kompositionsweise wenig bekannt, so doch noch mehr der *rechte Gebrauch,* die angemessene Ausführung der *darinnen angeführten schwartzen Noten.*[196] Verzierungen, Koloraturen und andere virtuose Figuren seien *offtmahls so übel angebracht/ zerlästert und gleichsam geradebrecht worden [...]/ das sie einen verständigen Gehöre nichts anders als Eckel und Verdruß/ ja auch dem Autori selbsten/ und der löblichen deutschen Nation/ als were dieselbige zu der Edlen Music Kunst so gar ungeschickt/ (wie es dann gewißlich an solcher Beschuldigung bey etlichen Ausländischen nicht ermangelt) eine gantz unrechtmäßige Verkleinerung erwecken müssen.*[197] So mögen die Musiker – die Geiger auch, weil der *stäte ausgedehnete musicalische Strich auff dem Violin/ bey uns Deutschen/ nicht bekand noch in übung ist – sich nicht schämen/ deswegen zuvor eines Vnterrichts/ bey solcher Manier Erfahrnen zu erholen/ auch an der Privat übung keinen Verdruß zu schöpffen/ damit im wiedrigen nicht etwa jhnen/ und dem Autori selbsten/ wieder seine Schuld/ vor gehörigen Danck/ ein unverhoffter Spott zuwachsen möge*[198].

Der zweite Band der *Symphoniae sacrae, Worinnen zu befinden sind Deutsche Concerten Mit 3.4.5. Nehmlich einer/ zwo/ dreyen Vocal- und zweien Instrumental-Stimmen/ Alß Violinen oder derogleichen Sambt beygefügtem geduppelten Basso Continuo* (Opus 10; SWV 341–367), so der Titel der 1647 gedruckten Sammlung, umfaßt 25 Stücke – darunter zwei paarig zusammengehörende –, denen wiederum in der Mehrzahl Psalmtexte zugrunde liegen. Doch finden sich auch einzelne Gelegenheitswerke, so die Hochzeitsmusik *Drey schöne Dinge seind* (SWV 365) und Kirchenliedbearbeitungen unter den hier zusammengestellten Kompositionen, die nach dem rein äußerlichen Gesichtspunkt ihrer Stimmenzahl angeordnet sind. Eine liturgische Beziehung mancher Konzerte ist nur schwer aufzuzeigen.

Um seinen Ausführungen, daß es möglich sei, eine Vokalstimme auch mit deutschem Text nach italienischer Manier zu führen, Nachdruck zu verleihen, nahm Schütz in diesen Sammelband seiner *Symphoniae sacrae II* eine Bearbeitung von Kompositionen Monteverdis auf. Teile des Madrigals «Armato il cor» sowie der Ciaconna «Zefiro torna» des nur wenige Jahre zuvor Verstorbenen setzte er zu einem Konzert über Worte des

68. Psalms zusammen, die man unschwer als zeitgeschichtlichen Kommentar angesichts der Alltagserfahrung des Dreißigjährigen Krieges verstehen kann: *Es steh Gott auf, daß seine Feind zerstreuet werden!* (SWV 356). Die hochvirtuose Gestaltung von Vokal- und Instrumentalstimmen ist in der Fassung von Schütz kein Selbstzweck. Koloraturen der Gesangsstimmen illustrieren sorgfältig einzelne Worte («fliehen», «Rauch»). Verschiedene Stricharten der Violinen, die Monteverdi schon 1624 in seinem «Combattimento di Tancredi e Clorinda» vielfältig differenziert hatte, um das Kampfgeschehen zwischen Tancredi und Clorinda musikalisch abzubilden, fügten sich auch dem neuen deutschen Text. Kaum jedoch wird man Schütz unterstellen können, er schreibe mit seinen *Symphoniae sacrae II* lediglich Stilkopien nach italienischen Vorbildern, wenn er solche Techniken aufgreift. Er integriert diese Gestaltungsmittel in seine Tonsprache, um die Möglichkeiten einer musikalischen Interpretation vielleicht nicht nur biblischer Vorlagen zu erweitern. Kompositorische Verfahren, die für sein Konzept intensiver Textdeutung zu nutzen waren, waren ihm immer willkommen, so sie sein Vokabular bereicherten. Schon darum suchte Schütz stets Neues, und daß er selbst Modisches strikt abgelehnt hätte, ist zumindest aus Briefen oder Vorreden zu seinen Kompositionen nicht zu entnehmen.

Aufschlußreich für Schütz' Verhältnis zu neuer Musik – und das meint im 17. Jahrhundert zumeist: italienischer Musik – ist die Position, die er, um sein Urteil gebeten, in einem Konflikt zweier Komponisten einnahm. Paul Siefert, Organist der Marienkirche in Danzig, hatte 1640 einen ersten Teil «Psalmen Davids nach französischer Melodey oder Weise» veröffentlicht, weswegen er von Marco Scacchi, seines Zeichens Hofkapellmeister in Warschau, heftig attackiert wurde. Seiner umfangreichen Kritik, die er als «Cribrum musicum ad triticum Syferticum» (= Musikalisches Sieb zum Siefertschen Weizen) 1643 in Venedig drucken ließ, entgegnete Siefert zwei Jahre später mit einer «Anticribratio ad avenam Scacchianam», mit der er den «Hafer» seines Kontrahenten sichten und sortieren wolle. Dieser nun veranlaßte einige musikalische Autoritäten zur Stellungnahme und machte die gesammelten Gutachten unter dem Titel «Judicium Cribi Musici» publik. Unter den musikalischen Sachverständigen, die Scacchi ihr Votum gaben, war auch Heinrich Schütz.

Läßt man die Hintergründe der Auseinandersetzung oder auch nur den eigentlichen Streitgegenstand außer acht, so kann man durchaus den Eindruck gewinnen, daß Schütz, der die Kritik Scacchis an den konservativen Cantus-firmus-Motetten Sieferts teilte, sich nicht nur auf die Seite der «Moderne» stellte, sondern auch die Partei des Italieners ergriff: «Es liegt etwas Tragisches darin, daß Schütz sich hier als italienisierender Modernist auf die Seite des italienisch-polnischen Angreifers gestellt hat», schrieb etwa Hans Joachim Moser 1936.[199] Der Konflikt war jedoch eher ein lokaler denn ein nationaler, da hinter Scacchi vermutlich als treibende Kraft der Danziger Kirchenmusikdirektor Caspar Förster stand. Und der Hauptvorwurf, den Scacchi gegenüber Siefert erhob, zielte nicht auf dessen konservatives Kompositionsprinzip, sondern auf eine unangemessene Verwendung satztechnischer Mittel.[200]

Scacchi kritisierte an Sieferts Psalmmotetten Regelabweichungen vom strengen Stil, die in dieser Gattung ebensowenig zulässig seien wie die Generalbaßbegleitung. Siefert wurde nicht wegen seines Festhaltens an «alter» oder gar veralteter Kontrapunktik angegriffen, sondern wegen seiner «stillosen» Mischung, seines Verfahrens, in die traditionelle Technik der Cantus-firmus-Komposition «moderne» Elemente integriert zu haben und damit wider die Regeln sich zu verhalten. Wollte man also noch die Partien der Anwälte für «alt» und «neu» besetzen, so käme Scacchi die Rolle des konservativen, zur Orthodoxie neigenden Theoretikers zu, Siefert dagegen zeigte sich als Praktiker aktuellen Tendenzen zugänglicher. In seiner Entgegnung auf Scacchis Kritik sprach Siefert denn auch den Italienern seiner Zeit das Recht ab, sich als Sachwalter großer schulmäßiger Kontrapunktik zu gerieren; sie seien nunmehr nur noch für Opern und Kantaten zuständig.

Schütz, der sich dem Streit nur mit geteilter Aufmerksamkeit widmete, entschied sich demnach für eine Konvention des Komponierens gemäß eindeutig festgelegten Regeln, die er in den kritischen Anmerkungen des Warschauer Hofkapellmeisters genauer beachtet fand als in den Kompositionen des Danziger Organisten: *Jedenfalls muß ich bekennen, daß in ähnlicher Weise wie Herr M. Scacchi in seinem ‹Sieb› Herrn Syfert belehrt, auch ich in meiner Jugend von Johs. Gabrieli seligen Andenkens, meinem Lehrer, unterrichtet und angewiesen worden bin, was Ew. Herrlichkeit ihm bei guter Gelegenheit mit meinen besten Empfehlungen ausrichten wollen – zugleich mit meiner Bitte, den Streit nun ruhen zu lassen und mit Vergessen zu begraben. Auch Herr Syffert (dessen Werke ich ebenso achte und hochschätze), möge baldigst und in vollen Ehren so verfahren.*[201]

Derselbe Gedanke, zunächst mittels strenger Regeln das kompositorische Handwerkszeug zu erwerben, das dann in den verschiedenen Gattungen auszuformen sei, liegt auch den einleitenden Worten der *Geistlichen Chormusik* zugrunde, einem Sammelband mit Motetten, den Schütz fast zeitgleich mit seinem Gutachten im Streit der Herren Scacchi und Siefert im Jahr 1648 veröffentlichte. Er tadele zwar keineswegs, schreibt Schütz, daß der aus Italien stammende, *über den Bassum continuum concertirende Stylus Compositionis*[202] auch in Deutschland weite Verbreitung gefunden habe und recht beliebt sei, doch verweist er darauf, daß es *bey allen in guten Schulen erzogenen Musicis auser zweifel ist/ daß in dem schweresten Studio Contrapuncti niemand andere Arten der Composition in guter Ordnung angehen/ und dieselbigen gebührlich handeln oder tractiren könne/ er habe sich dann vorhero in dem Stylo ohne den Bassum*

Continuum genugsam geübet/ und darneben die zu einer Regulirten Composition nothwendigen Requisita wohl eingeholet[203]. Ziel seines hier vorgelegten Werkes sei es, *etliche/ insonderheit abere theils der angehenden Deutschen Componisten anzufrischen/ das/ ehe sie zu dem concertirenden Stylo schreitten/ Sie vorher diese harte Nuß (als worinnen der rechte Kern/ und das rechte Fundament eines guten Contrapuncts zu suchen ist) auffbeissen/ und darinnen ihre erste Proba ablegen möchten*[204].

Weniger modellhaft möge man seine Werke verstehen, vielmehr wolle er *alle und iede/ an die von allen vornehmsten Componisten gleichsam Canonisierte Italianische und andere/ Alte und Newe Classicos Autores hiermit gewiesen haben/ als deren fürtreffliche und unvergleichliche Opera denen jenigen/ die solche absetzen und mit Fleiß sich darinnen umbsehen werden; In einem und dem andern Stylo als ein helles Liecht fürleuchten/ und auff dem rechten Weg zu dem Studio Contrapuncti anführen können*[205]. Dieser strenge Satz sei grundlegend und Ausgangspunkt auch seiner kompositorischen Entwicklung gewesen. Schwerlich könne man darauf verzichten, und mit Sicherheit sei solche Unterweisung im Kontrapunkt kein totes deutsches Bildungsrelikt: *Allermassen dann auch in Italien/ als auff der rechten Musicalischen hohen Schule (als in meiner Jugend ich erstmahls mein Fundamenta in dieser Profession zulegen angefangen) der Gebrauch gewesen/ das die Anfahenden [Anfänger] iedesmahl derogleichen Geist- oder Welttlich Wercklein/ ohne den Bassum Continuum, zu erst recht ausgearbeitet/ und also von sich gelassen haben/ wie denn daselbsten solche gute Ordnung vermuthlichen noch in acht genommen wird.*[206]

Es war keine bloße Reminiszenz an seine italienische Lehrzeit, geschweige denn ein «Versehen»[207], wenn Schütz in diese Sammlung von Chorstücken eine Komposition Andrea Gabrielis, eines Onkels seines Venezianer Lehrers, aufnahm. Vielmehr unterstrich er damit jenseits aller nationalen Eigenstile, die sich inzwischen in der ersten Hälfte des 17. Jahrhunderts herauskristallisiert haben mochten, ein gemeinsames Fundament aller Musik, die, so sie für gut befunden werden soll, nach «klassischen» Regeln gefertigt sein müsse.

Gemessen an anderen Veröffentlichungen von Schütz, insbesondere den nur ein Jahr zuvor in Druck gegebenen *Symphoniae sacrae II*, erscheint diese seine *Musicalia ad Chorum Sacrum. Das ist: Geistliche Chormusic/ Mit 5.6. und 7. Stimmen/ beydes Vocaliter und Instrumentaliter zugebrauchen* (Opus 11; SWV 369–397) in vieler Hinsicht eher als ein Rückschritt. Die Besetzung wird nicht mehr differenziert, damit zugleich auf eine spezifische Schreibweise und Charakterisierung verzichtet; auch der inzwischen selbstverständlich gewordene Generalbaß ist, nach Schütz, nur eine Konzession an Verleger und Publikum, keine Notwendigkeit. Auf chorische Effekte, etwa das akkordische Rezitieren, das einzelne Passagen der *Psalmen Davids,* seines zweiten Opus, hervorgehoben hatte, verzichtet Schütz, nicht jedoch auf eine nunmehr sehr ausgefeilte Disposition der wenigen eingesetzten Stimmen. In deren verschiedensten Kombinationen wird der Chorklang vielfältig nuanciert und gemäß der Aussage und der Struktur des zugrunde gelegten Textes verdichtet oder reduziert. Hier, vor allem aber in kleiner besetzten Abschnitten, in denen die Musik sich aufs engste den Worten anschmiegt, wird auch der geschichtliche Ort dieser *Geistlichen Chormusik* deutlich: eine textliche Vorlage solcherart zu durchdringen ist wohl nur aufgrund reicher Erfahrung von Vokalmusik im «concertirenden» Stil denkbar. Selbst die «alte» Kompositionsweise kann ihre Gebundenheit an eine Gegenwart nicht verleugnen.

Die 29 – rücksichtlich der beiden zweiteiligen Stücke 27 – Motetten der *Geistlichen Chormusik* sind als Teil des gottesdienstlichen Repertoires der Dresdner Hofkapelle anzusehen. Zweifach, nach Stimmenzahl und kirchenjahreszeitlicher Verwendung geordnet, finden sich hier auffällig viele Kompositionen zur Advents- und Weihnachtszeit, dazu einige Sätze allgemeiner liturgischer Verwendbarkeit. Die Vermutung liegt nahe, daß mit diesem Sammelband nur der erste Teil eines umfangreicher geplanten Motetten-Werks vorliegt, das durch eine weitere Folge[208] mit vornehmlich Passions- und Ostermusik hätte vervollständigt werden sollen. Um eine verbreitete und allgemeine Verwendung eines derartigen Kompendiums zu ermöglichen, durften gewisse aufführungspraktische Anforderungen nicht überschritten werden. Unter solchen Vorgaben und mit den eingeschränkten Mitteln, über die man im kontrapunktischen Komponieren gegenüber dem ungleich freieren Stil verfügen durfte, konnte man dennoch Werke schreiben, die ein Höchstmaß an Intensität von Ausdruck und Textdeutung aufwiesen.

Die rasch aufeinanderfolgenden Publikationsdaten von *Symphoniae sacrae II* und *Geistlicher Chormusik* binnen Jahresfrist deuten auf eine allgemeine Besserung der Verhältnisse und zeigen zudem, daß Schütz' Produktivität trotz seines Alters ungebrochen war. Neben den Druckvorbereitungen der beiden Sammelwerke, in die nicht wenige ältere Kompositionen nach teilweise eingehender Revision aufgenommen wurden, hatte Schütz immerhin noch Kraft und Zeit zu mehreren Reisen nach Weimar, wo er zu verschiedenen Anlässen Festmusiken für Herzog Wilhelm IV. schrieb. Erhalten ist jedoch lediglich ein *Danck-Lied «Fürstl. Gnade zu Wasser und zu Lande»* (1647; SWV 368) zur Geburtstagsfeier der Herzogin Eleonora Dorothea.

Erfreuliche Mitteilungen finden sich in dieser Zeit auch über die Familie Schütz: «Anno 1647. in Augusto hat [Schütz] seine noch eintzige und jüngste Tochter/ Jungfer Euphrosinen an den Ehren-Vesten Groß-Achtbarn und Hochgelahrten Herrn Christoph Pinckern [...] ehelichen versprochen/ und hernach am 25. Januarii Anno 1648. dieses Christliche Ehe-Gelöbnüs durch Priesterliche Copulation [Verbindung] vollnziehen

Das Ende des Dreißigjährigen Krieges: Friedensschluß zu Münster, 1648. Gemälde von Gerhard Terborch d. J., 1648. London, National Gallery

lassen/ aus welcher Ehe er auch sonderbaren Trost und Vergnügung empfunden/ auch fünff Enckelein erlebet.»[209]

Schien sich nun, gegen Ende des seit dreißig Jahren andauernden Krieges, etliches zum Besseren zu wenden, so ergaben sich mit der Erneuerung der Hofmusik personelle Probleme. Bereits 1646 bemühte sich Schütz, Agostino Fontana, der nach ihm die Leitung der dänischen Hofkapelle übernommen hatte, für eine Anstellung in Dresden zu gewinnen. Möglicherweise schon zu diesem Zeitpunkt versuchte auch Johann Georg Hoffkuntz, ein Tenorist der Hofkapelle, seinerseits die vakante Position zu besetzen. Es ist nicht auszuschließen, daß Schütz von Hoffkuntz' Fähigkeiten nur in begrenztem Maße überzeugt war; indes hielt er die ebenfalls zur Disposition stehende Stelle eines Hofkantors für ihn angemessen und empfahl dem Kurfürsten, das *Vicecapellmeister ambt und bestallung [. . .] an itzo vacirend*[210] zu lassen. Anzunehmen ist, daß er die Position seines Stellvertreters zunächst für seinen Wunschkandidaten freihalten wollte, denn immerhin sollte Hoffkuntz *in meinem abwesen [...] an meiner stadt etwa den Tact geben, welches Ihm dennoch ein Vorzug sein wirdt*[211].

Faktisch, wenngleich nicht mit dem Kapellmeisteramt formell betraut, übernahm Hoffkuntz die Leitung der Kapelle während Schütz' vielfältiger, teilweise länger andauernder auswärtiger Verpflichtungen. So ist es wenig überraschend, daß Hoffkuntz, als einige Jahre später Agostino Fontana persönlich nach Dresden kam, seine Ansprüche auf die Position des stellvertretenden Leiters der Hofmusik anmeldete. Nun schon im vierten Jahr, so schrieb Hoffkuntz 1649 dem Kurfürsten, versehe er die Dienste an Festtagen und zu den höfischen Betstunden, müsse also «dem Capellmeister Schützen zugleich seine Bestallung und Brod verdienen»[212]. Schütz als Kapellmeister stünde es wohl an, so Hoffkuntz, wenn er als «das Haubt der Capelle bei seiner anvertrauten Capelle standhaft verbliebe, sie mit musicalischen Sachen versorgte, mit Rath und Tath derselben unverenderlich beywohnte und also verrichtete quod sui esset officij [was seines Amtes sei]». Doch sei «männiglich bekannte, daß er [...] viel Jahre hero seine Schafe wenig geachtet, sondern sie verlassen, von einer Provintz in die andere gereiset, E. Churf. Durchl. [Capelle] hat mögen versorget werden oder verlassen stehen».[213] Seine Invektiven gegen Schütz mögen überzogen wirken, haltlos waren sie nicht. Am Ende des Schreibens ließ Hoffkuntz keinen Zweifel, daß ihm allein kraft seiner Tätigkeit in den vergangenen Jahren die wiederzubesetzende Stelle zustehe, möge sie nun benannt werden, wie auch immer der Kurfürst beliebe: «Weil der Titel oder Name des Vice-Capellmeisters Herrn Capellmeister Schützen übermaßen sehr verdrießlich wil», überlasse er, Hoffkuntz, es dem Kurfürsten, «ob Sie mich einen Directoren, Hof-Cantoren [...] nennen lassen wollen (wiewohl E. Churf. Durchl. keine Kantorey, sondern eine churf. Capelle halten)».[214]

Ob das Verhältnis zwischen Schütz und Hoffkuntz von Antipathie geprägt war, ist keineswegs so gewiß, wie manche Biographen glauben machen wollen.[215] 1642 hatte Schütz auf Empfehlung von Caspar Kittel der Verpflichtung von Hoffkuntz als Tenoristen zugestimmt, und neun Jahre später – allerdings unter anderen Vorzeichen – würde er ihn selbst als Kandidaten für die Position eines stellvertretenden Kapellmeisters ins Gespräch bringen.[216] Schütz' Eintreten für Fontana, dessen Berufung Hoffkuntz verhindern konnte, dürfte kaum anders als mit den künstlerischen Qualitäten des Italieners zu begründen sein. Die Musik am Dresdner Hof zu gestalten, standen um die Mitte des 17. Jahrhunderts wieder hinreichende finanzielle Mittel zur Verfügung, und der Geschmack, an dem man seine Orientierung auch in der Musik suchte, wurde zunehmend von italienischen Vorbildern geprägt. Was lag näher, als sich eines Spezialisten zu versichern?

Summe des Lebens

Die erfreuliche Entwicklung, die die Hofkapelle gegen Ende des vierten Jahrzehnts nahm, ermöglichte 1650 wieder großangelegte Musikaufführungen. So fand am 22. Juli 1650 in Dresden ein Dankfest anläßlich des Westfälischen Friedens und der Wiedereinnahme der Stadt Leipzig statt, bei dem vielchörig musiziert wurde. Am Ende desselben Jahres galt es, Musik für die Doppelhochzeit der Söhne des Kurfürsten Johann Georg I., Christian und Moritz, mit den Prinzessinnen Christiana und Sophia Hedwig von Holstein-Glücksburg zu entwerfen. Belegt ist, daß bei diesem vom 14. November bis zum 11. Dezember 1650 andauernden Fest Schützsche Werke aufgeführt wurden; ob er allerdings auch – vielleicht nur teilweise – die Musik zu einem Gesangs-Ballett *Paris und Helena* nach einem Text von Ernst Geller komponierte, läßt sich nicht mehr nachweisen. Die Partitur hierzu ist ebenso verloren wie die zu einer zwei Jahre später entstandenen Ballett-Oper *Der triumphierende Amor* (nach einem Libretto von David Schirmer), die anläßlich der Vermählung von Kurfürst Johann Georgs Tochter Magdalene Sibylle, der Witwe des dänischen Kronprinzen, mit Herzog Friedrich von Sachsen-Altenburg entstand.

Ein Reflex der wiedergewonnenen aufführungspraktischen Möglichkeiten sind die in einem Ende 1650 publizierten Band zusammengefaßten 21 Konzerte der *Symphoniae sacrae III, Worinnen zubefinden sind Deutsche Concerten Mit 5.6.7.8. Nehmlich/ Dreyen/ Vieren/ Fünffen/ Sechß Vocal- und zweyen Instrumental-Stimmen/ Alß Violinen/ oder dergoleichen/ Sambt etlichen Complementen* (Opus 12; SWV 398–418). Letztere «ergänzende» Vokal- und Instrumentalgruppen, die *nach Beliebung mitgebraucht werden können*[217], verstärken die Differenzierungen in Teilchöre, mittels deren Schütz den bis zu sechsstimmigen Chorsatz gliedert. Dieses Verfahren, schon in der *Geistlichen Chormusik* angewendet, wird nun mit Prinzipien der Mehrchörigkeit – einer Gegenüberstellung verschiedener Favorit- und Capellchöre, wie schon in den *Psalmen Davids* von 1619 – sowie obligaten Instrumentalpartien, die schon die ersten beiden Teile der *Symphoniae sacrae* kennzeichneten, kombiniert: Schütz zieht gleichsam eine Summe seines Komponierens geistlicher Musik. In der Widmungsvorrede dankte der nunmehr Fünfundsechzigjährige nach dreieinhalb Jahrzehnten Kapellmeistertätigkeit in Dresden Kurfürst Johann Georg I. verbindlichst für *Dero Gnade und beyhülffliche Hand/ wie von andern freyen Künsten/ also auch von der Edlen Music/ niemals gäntzlich abgezogen/ sondern derselben noch immer möglichst beygesprungen*[218]. Wenn sich Schütz dazu im folgenden vieler Gelegenheiten zu erinnern wußte, bei denen Johann Georg ihm freundlich entgegenkam und ihn vielfältige Verpflichtungen an anderen Höfen übernehmen ließ, so ist dies weder mit einer freundlichen Verklärung der Vergangenheit des alternden Kapellmeisters zu begründen noch Berechnung. Nur wenig später allerdings, im Januar 1651, bat Schütz – nicht zum ersten und auch nicht zum letzten Mal – um seine Entlassung.[219]

So wie der dritte Teil dieser *Symphoniae sacrae* musikalisch nicht nur an die ersten beiden Sammlungen anschließt, sondern in zahlreichen Momenten auf die *Geistliche Chormusik* zurückbezogen werden kann, so lassen sich auch bei der Auswahl der Texte Gemeinsamkeiten mit den nur wenige Jahre zuvor veröffentlichten Bänden feststellen. Nur noch ein knappes Drittel dieser *Symphoniae sacrae III* benutzt Psalmtexte, zehn jedoch sind über neutestamentliche Vorlagen, zumeist Evangelien-Perikopen, geschrieben. Doch nicht Abschnitte, in denen Handlungen nacherzählt werden, wählt Schütz aus, sondern wiederum mitunter nur einzelne Sätze, die am Kulminationspunkt einer zugespitzten Situation stehen und solchermaßen dramatisch verdichtet die psychologischen Qualitäten des Komponisten bei der Vertonung herausfordern.

So referiert Schütz in dem bekanntesten Stück dieser Sammlung nicht das Geschehen von der Bekehrung Paulus' (Apg. 9, 5), sondern beschränkt sich auf die Worte: «Saul, was verfolgst du mich? Es wird dir schwer werden, wider den Stachel zu löcken.» (SWV 415) Schütz vertont die Rede Gottes nicht mit wuchtigen Akkorden wie noch anfangs der *Psalmen Davids*. Er verschiebt vielmehr nun die Chorgruppen metrisch gegeneinander und staffelt höchst artifiziell das Tutti eines gewaltigen Klangapparates von sechsstimmigem Chor, zwei vierstimmigen Complementen, zwei Geigen und Generalbaß. Gottes Worte an Saul versteht er nicht als einen donnernden Ruf, der von außen käme, vielmehr als einen innerlich keimenden Prozeß, der nur eines Anstoßes bedarf, um unaufhörlich zu wuchern, verwirrend hin und her zu hallen, lang anhaltend nachzuklingen. Das in vielerlei Hinsicht Überwältigende dieses Stückes, das schon der Notentext zeigt, veranlaßte bereits Carl von Winterfeld 1834 zu einer eindrucksvollen und oft zitierten Beschreibung.[220] Als eine der ersten Kompositionen von Schütz wurde es bereits im 19. Jahrhundert wiederaufgeführt; unter den Dirigenten, die sich des Stückes annahmen, war Johannes Brahms wohl der bedeutendste.

Eine gewisse Eile bei der Drucklegung der *Symphoniae sacrae III*, die die Beilegung eines Fehlerverzeichnisses erforderlich machte, deutet darauf hin, daß Schütz die nun wieder vorteilhaftere Situation der Hofkapelle

Notenbeispiel aus «Saul, was verfolgst du mich?» (Symphoniae sacrae III)

wie auch die Gunst der Stunde nach den ausgiebigen Hochzeitsfeierlichkeiten der kurfürstlichen Söhne nutzen wollte, um mit einem grandiosen Finalwerk die Zustimmung Johann Georgs I. zu seinem Antrag auf Pensionierung zu erleichtern. In einem auf den 14. Januar 1651 datierten *Me-*

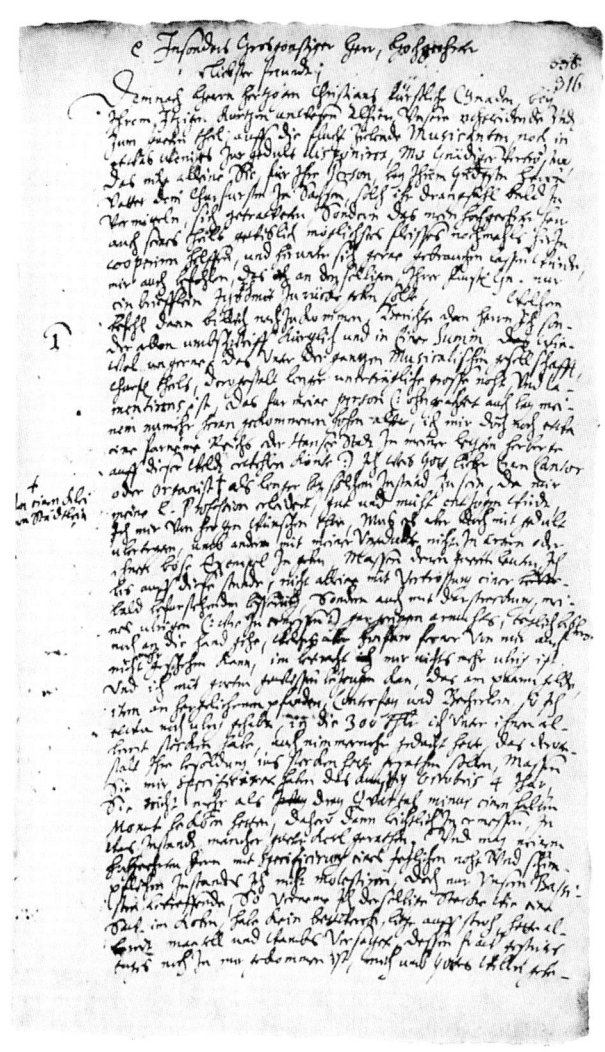

Brief von Heinrich Schütz an Geheimsekretär Reichbrodt, 1651

morial[221], dessen autobiographischer Teil zahlreiche detaillierte Informationen zu seiner Person und Entwicklung bietet, begründet Schütz sein Gesuch vornehmlich mit seinem Alter und seiner angegriffenen Gesundheit, seines *abgenommen gesichts undt aller lebenskräfte.* Er müsse sich, da er seine *gesundheit ehistes [voreilig] nicht in gefahr stellen, und gar zu boden stürtzen will, des stetigen Studierens, schreibens und nachsinnens, der Medicorum Raht nach, mich numehr so viel mir möglich enthalten*²²². Man möge ihn *in einen etwas geruhigeren Zustandt [...] versetzen, [...] damit Ich meine anderweit in meiner Jugend angefangene Musicalische Wercke colligiren, Completiren, undt zu meinem andencken auch in den Druck geben könne*²²³.

Es ist nicht ohne Widerspruch, daß sich jemand noch, wie man sehen wird, mit umfangreichen Kompositionsplänen trägt und doch zugleich auf seine schwache körperliche Konstitution, die selbst geistiges Arbeiten nicht ratsam erscheinen läßt, rekurriert. Auch das Portrait, das Christoph Spetner²²⁴ in diesem Jahr anfertigte – eines der wenigen authentischen Bilder von Schütz –, zeigt, ungeachtet aller idealisierenden Züge, einen älteren Herrn, doch keineswegs einen kränklichen, hinfälligen oder gar gebrochenen Greis. Liest man nun in Schütz' *Memorial* weiter, so wird schnell deutlich, daß sich Schütz zu alt fühlte, als daß er die Musik, die nun die aktuelle war, noch machen konnte – oder wollte. Zeit und Geschmack hätten sich geändert: *Ein dreysigkjähriger Schneider vnd dreysigkjähriger Cantor dieneten nicht mehr in die Welt, wie es dann auch nicht ohne ist, das die junge Weldt die alten Sitten und Manier bald pfleget überdrüssig zu werden und zu endern.*²²⁵ Ihm könne es, solle es aber nicht widerfahren, daß er von *new ankommenden jungen Musicanten* verdrängt werde, *welche mit hindansetzung der alten, gemeiniglich Ihre newe Manier, wie wol mit schlechtem grunde, pflegen hervor zu ziehen*²²⁶.

Genau dies aber war – so sah es Schütz wenigstens – geschehen: Der Kurprinz hatte dem Kastraten Giovanni Andrea Angelini, der sich Andrea Bontempi nannte, die Leitung seiner Kapelle übertragen, einem Manne, dessen künstlerische und menschliche Qualitäten Schütz grundsätzlich nicht anzweifelte. Eher waren es Bontempis Kompositionen, deren kontrapunktisch solide Durcharbeitung er vermißte. Bontempi, den Mann der neuen Schule, den auch der Kurprinz favorisierte, nun die Hofmusik mehr und mehr vollständig bestimmen zu sehen, förderte bei Schütz Züge von Resignation und Verbitterung. Freiwillig und geachtet wollte er abtreten; nicht, nunmehr geringgeschätzt, nur noch geduldet sein.

Schütz' Verstimmung wuchs, je größer der Einfluß der italienischen Musiker am Hofe wurde, je mehr man von den keineswegs überreichlich vorhandenen Finanzmitteln für sie verwandte. Dabei war Schütz, oft genug betont er es in den zahlreichen Briefen²²⁷ dieser Jahre, kein Gegner der italienischen Musik, hatte er doch selbst zwei lange Studienreisen nach Venedig unternommen und vielerlei Anregungen in seine Werke aufgenommen. Sicherlich herrschte eine Konkurrenz zwischen der kurfürstlichen, mehr und mehr vernachlässigten Kapelle und einer wachsenden Gruppe italienischer Musiker im Umkreis des Kurprinzen. In Schütz'

Heinrich Schütz. Gemälde von Christoph Spetner, um 1660. Leipzig, Universitätsbibliothek

Äußerungen aber werden daneben verstärkt Züge eines Generationenkonfliktes deutlich, der auch, aber erst in nachgeordneter Linie von nationalen Momenten durchdrungen ist. Schütz, der auf ein reiches kompositorisches Œuvre zurückblicken konnte, den man vielfältig zu besonderen Anlässen als Kapellmeister an fremde Höfe berufen hatte, der eine Autorität in musikalischen Fragen war und der – vielleicht war dies der zentrale Punkt – nur solche Musik akzeptierte, deren Qualität nach den traditionellen Regeln kontrapunktischer Satztechnik zu bemessen war, er, der Gegner jeglichen Dilettantismus, sollte nun mit einem nicht einmal dreißigjährigen Gesangsvirtuosen konkurrieren?

Als der italienische Sänger die Leitung der Kapelle des Kurprinzen übernahm, widersprach Schütz nicht; er protestierte erst, als man anordnete, daß er mit Bontempi beim sonntäglichen Dienst abwechseln solle, mit ungewohnter Schärfe: *So kann meinen hochgeehrten Herren deswegen Ich auch nicht bergen, was massen es mir, als gleichwol einem alten vndt verhoffendlich nicht unverdientem mann, fast verkleinerlich undt schmerzlich fürfallen will [...] mit des Herrn Churprintzens Direktore, als einem 3 mahl jüngern als ich, undt hierüber castrirten menschen, ordentlich und stetig ümbwechseln und unter, ungleichen vndt zum gueten theil vnverständigen zuhörer und Richter urtheil mit ihm gleichsamb pro loco disputiren soll.*[228] Mit dem jüngeren Kollegen auf die gleiche Stufe gestellt zu werden traf ihn zutiefst; nicht nur sein Stolz, auch sein künstlerisches Ethos war derart verletzt, daß – wie es am Ende desselben Schreibens heißt – *lieber den todt als lenger so thanen [so beschaffenen] bedrengten zustandt bey zu wohnen, Ich mir wünschen wolte*[229].

Schütz' vehementer Ausbruch resultierte jedoch nicht nur aus dem Eindruck einer Geringschätzung seiner Person, sondern war auch im Unmut über die Arbeits- und Lebensbedingungen der Mitglieder «seiner» Kapelle begründet. Die sich nach dem Ende des Dreißigjährigen Krieges abzeichnenden Verbesserungen auch und gerade im Bereich der Hofmusik fanden ein jähes Ende, als Johann Georg I. die Zahlungen an seine Musiker so plötzlich wie vollständig einstellte. Schütz mahnte vielfach ausstehende Bezüge an und malte die elenden sozialen Zustände plastisch aus: *Vnd mag meinen hochgeehrten Herrn mit specificirung eines Jeglichen noht vnd schimpflichen zustandes Ich nicht molestiren [belästigen], doch nur vnserm Baßisten betreffende, So vernehme Ich derselbige Stecke wie eine Saw im koben, habe kein bettwerck, liege auff stroh, hette albereit mantell und wambs versetzet.*[230] Von demselben Bassisten Georg Kaiser berichtet Schütz einige Monate später, daß er *aus Armuht seine Kleider vor etlicher Zeit wieder verpfändet, und seithero in seinem hause, nicht anders als Eine bestie im Walde verwildert*[231]. Nun wolle dieser Sänger wie auch andere Musikanten Dresden verlassen, was aber *schade vnd immer schade ümb solche köstliche stimme*[232] sei. Solchem Niedergang von Musik und Hofkapelle wollte Schütz, konnte er ihn schon nicht aufhalten, so auch nicht mehr zusehen. Wieder und wieder bat er mit stets denselben Argumenten, daß seine Kräfte abnähmen und er noch einiges komponieren wolle, um seine Entlassung, die ihm Johann Georg I. verweigerte.

Kaum überraschen kann es, wenn die Produktivität Schütz' in diesen Jahren äußerst gering war. Lediglich zum Johannisfest 1653, dem Namenstag des Kurfürsten und des Kurprinzen, schrieb Schütz nicht mehr erhaltene Musik zu einer dramatischen Dichtung von Ernst Geller. Auch Kompositionen anläßlich des Jubelfestes zur Erinnerung an den Augsburger Religionsfrieden am 24./ 25. September 1655 sind nicht nachweisbar. Erst zu den Bestattungsfeierlichkeiten von Johann Georg I., der am 8. Oktober 1656 starb, vertonte Schütz noch einmal den Begräbnisgesang Simeonis, das deutsche Nunc dimittis, *«Herr, nun lässest du deinen Diener in Frieden fahren»* (SWV 432–433).

Heinrich Schütz' Haus in Weißenfels, 1651 erworben

Noch 1656 übernahm der Kurprinz als Johann Georg II. die Regierungsgeschäfte und entpflichtete Schütz, dessen schon einige Jahre zuvor geäußertem Wunsch, *alle zeit frey vnd ohne ferner ansuchung ümb verleubnus, von Dresden (: allwo ich, als lang ich lebe, mein Haus zu erhalten trachten werde:) nacher Weissenfels, ab und zu zu ziehen*, er stattgab. In Weißenfels lebte noch Schütz' verwitwete Schwester, und dort wolle er *Ein kleine Haushaltung* einrichten, zumal er *des orts auch [...] weit geruhiger, als hir in Dresden nicht, [...] mit ausarbeitung meiner Musicalischen werke es viel weiter gewißlich bringen*[233] werde.

Den schon im folgenden Jahr erschienenen Sammelband mit *Zwölff Geistlichen Gesängen* (Opus 13; SWV 420–431) wäre man geneigt, als erste Frucht des endlich errungenen Ruhestands zu werten, doch publizierte Schütz diese vierstimmigen Chorgesänge nicht selbst. Christoph Kittel, ein Sohn jenes Caspar Kittel, der in den dreißiger Jahren des 17. Jahrhunderts von Schütz Kompositionsunterricht erhalten hatte, besorgte die Ausgabe möglicherweise auch in der Absicht, mit diesen satztechnisch strengen, oft noch Cantus-firmus-gebundenen Stücken eine Tradition «seriöser» Musik zu wahren. In den *Zwölff Geistlichen Gesängen* sind Teile der Evangelischen Messe (Kyrie, Gloria etc.) sowie häufig zu verwendende Dankpsalmen, Tischgebete und ein Magnificat zusammengestellt: Musik also, die, zumal in vergleichsweise schlichtem Satz, viele Kantoreien zu verschiedenen Gelegenheiten verwenden konnten, die jedoch nicht den Schluß zuläßt, daß ihre Überarbeitung und Veröffentlichung Schütz als ein besonderes Anliegen oder gar ein Vermächtnis hätte betrachten sollen. Eher scheint es, als mühten sich Schüler und Adepten um die bewußte Ausprägung eines Stils, der den italienischen kontrapunktieren könnte. Noch in der Kompositionslehre Christoph Bernhards, den Schütz als seinen Favoriten bat, eine Motette zu seinem Begräbnis zu schreiben, ist eine ähnliche Tendenz zur Stiftung von Traditionen zu spüren.

Auch Johann Georg II. vergaß den langjährigen Kapellmeister seines Vaters nicht. Nur wenige Jahre nach dessen Entlassung gab er Schütz den Auftrag zu einer Revision des *Becker-Psalters,* jener Sammlung von vierstimmigen Psalmliedern, die zuerst 1628, in Neuauflage dann 1640 erschienen war. Schütz, dem es ungelegen kam, seine Arbeit an Neukompositionen zugunsten derartiger Überarbeitungen zurückstellen zu müssen, behielt auch in dieser Fassung die teils schon von Luther übernommenen Psalmlieder bei. Hatte er 1628 noch einige Melodien für mehrere Psalmen verwendet, so versah er nun jeden Psalm mit einer eigenen Weise. Die Veränderungen, auch des Chorsatzes, schienen ihm schließlich so zahlreich und gewichtig, daß er die umgestaltete Version als sein Opus 14 zählte.

Verschiedentlich erbat man auch neue Kompositionen von ihm in Dresden: Am 28. September 1662 wurde die renovierte Schloßkirche eingeweiht; wenige Wochen später galt es die Hochzeit der Tochter Johann Georgs II., der Prinzessin Erdmuthe Sophia, mit dem Markgrafen Ernst Christian von Brandenburg-Bayreuth mit Musik zu versorgen; am 15. Oktober 1665 sollte der Geburtstag der Kurfürstin auch mit einem festlichen Gottesdienst gefeiert werden; und am 22. Juli 1668 hielt man ein Friedensdankfest. Was im einzelnen Schütz für diese Anlässe schrieb, ob er bei den Feierlichkeiten selbst anwesend war und in welcher Weise er bei Aufführungen noch beteiligt wurde, ist weitgehend unklar. Doch bezeugen allein diese Informationen, verbunden mit Belegen über zahlreiche Anfragen, die Schütz aus Wolfenbüttel, Zeitz und anderen Orten erhielt, sowie Gutachten, mit denen er befreundeten Komponisten – etwa

Kurfürst
Johann Georg II.
von Sachsen
(1613–1680)

Andreas Hammerschmidt[234] und Constantin Christian Dedekind – zu helfen suchte, daß er im Ruhestand alles andere als untätig war.

Noch die Komposition eines weiteren größeren Werks von Schütz ging auf einen Auftrag aus Dresden zurück: Die *Historia, Der Freuden- und Gnadenreichen Geburth GOttes und Marien Sohnes, Jesu Christi, unsers Einigen Mittlers, Erlösers und Seeligmachers* wurde, wie der Titel ausführt, von Schütz *auff gnädigste Anordnung Churfl. Durchl. zu Sachsen &. H. Johann Georgen des Anderen, Vocaliter und Instrumentaliter in die Musik versetzet*[235]. Vermutlich schon um 1660 entstanden, erschien das Werk 1664 in Dresden im Druck, allerdings nur die Partie des Evangelisten. Eingedenk der Erfahrungen mit dem zweiten Teil seiner *Symphoniae sacrae,* daß nämlich zahlreiche vereinfachte und entstellende Versionen aufführungspraktisch anspruchsvoller Stücke kursierten, hielt Schütz die «Intermedien» mit den Reden der Engel, Hirten und Könige zurück. Man könne diese Gesänge, da *außer Fürstlichen wohlbestälten Capellen, solche seine Inventionen schwerlich ihren gebührenden effect anderswo erreichen*[236] würden, gegen eine *billiche Gebühr* über bestimmte Kantoren in Dresden und Leipzig beziehen, doch stelle er einem jeden frei, diese

> ### Auff
> ## Herrn Andres Hammerschmieds
> #### Chor-Music.
>
> Ch ließ auch meinen Chor im Anfang also spielen/
>   Mein Hammerschmied/ als ich die Music vor
>   mich nam.
> Daher gelang es mir/daß ich darauff bey vielen/
>   (Ich rühme mich zwar nicht) doch auch ein Lob
>   bekam.
> Und wolte GOtt das die/die Meister wolten heissen/
>   In solcher Music-Art/ erst weren abgericht/
> Was gilts wir würden uns auff bessern Ruhm befleissen/
>   Als sonst mit schlechten Lob/ zum Nachtheil offt geschicht.
> Fahrt fort/als wie ihr thut/der Weg ist schon getroffen/
>   Die Bahn ist auffgesperrt/ihr habt den Zweck erblickt.
> Es wird ins künfftge mehr von euch noch seyn zuhoffen/
>   Weil ihr schon allbereit so manchen Geist erquickt.
> Wer dieses nimbt in acht der wird nach vielen Zeiten/
>   Bekleiben/wenn die Welt auch schon zu trümmern geht/
> Und Ihm in der Music ein wahres Lob bereiten/
>   Denn dieses ist der Grund/darauff das ander steht.
>
>   Aus guter Affection und
>   Freundschafft gestellet
>   Von
>   Heinrich Schützen.

Lobgedicht von Heinrich Schütz auf Andreas Hammerschmidts «Chor-Musik», 1653

Abschnitte *auff die ihnen beliebende Manier und verhandenes Corpus Musicum, gar auffs neue anders selbst aufzusetzen, oder durch andere componiren zu lassen*[237]. Aus heutiger Sicht erschwert solche Liberalität die Rekonstruktion einer ursprünglichen Werkgestalt nicht unerheblich.

Schütz vertonte nicht nur die eigentliche Weihnachtsgeschichte, die Erzählung von der Geburt Jesu, der Erscheinung der Engel auf dem Felde und der Anbetung der Hirten, sondern ergänzte sie um den Bericht von den Weisen, die aus dem Morgenland anreisen, dem Kindermord des Herodes sowie der Flucht aus Ägypten und der Rückkehr nach Nazareth. Diese zunächst wenig ungewöhnliche Textgestalt ermöglichte eine symmetrische formale Anlage der *Historia:* Vier Konzerte mit Reden der Hirten, der Weisen, des Herodes und der Schriftgelehrten umrahmen je zwei «Intermedien» der Engel; diese acht konzertanten Stücke wiederum sind vom Tutti des Eingangs- und Schlußchores gefaßt.

Insbesondere die solistischen dieser ein- bis sechsstimmigen Konzerte weisen eine enge Verwandtschaft mit den *Symphoniae sacrae II* auf. Die Besetzung der Instrumentalstimmen ist nun jedoch eindeutig fixiert und gewinnt symbolische Bedeutung: Flöten begleiten die Hirten, Trompeten den König Herodes, Posaunen die Schriftgelehrten und – wie Klaus Hofmann[238] festgestellt hat – ursprünglich Hörner als «exotische» Instrumente die «fremden» Sterndeuter. Das «Saitenspiel» von Violinen und Violetta ist den Engeln zugewiesen. Deren bildhafte Rede vertont Schütz sehr plastisch: Dem «Ehre sei Gott in der Höhe» der Oberstimmen des Chores stellen die tiefen Männerstimmen ihr «Friede auf Erden» gegenüber, die Warnung des Engels vor der Verfolgung durch Herodes (Intermedium 7) bildet nicht nur die Bewegung des Fliehens ab, sondern deutet mit verminderten Sprüngen und chromatischen Passagen bereits auf das Grauenvolle des Kindermordes.

Solch expressive Wendungen finden sich auch in der Partie des Evangelisten, deren *neue, und bißhero in Teutschland seines Wissens, im Druck noch nie herfür gekommene*[239] Gestaltung im *Stylo Recitativo* Schütz hervorhebt. Der formelhafte Lektionston, nach dem bislang jeder Satz der Geschichte in gleicher Weise musikalisch deklamiert wurde, ist nun an besonders ausdrucksstarken Stellen durchbrochen. Auch der Evangelist verfällt mindestens ansatzweise in einen konzertanten Stil und erinnert gelegentlich kleinere melodische Phrasen der Intermedien.

Nach ähnlichen Prinzipien gestaltet Schütz die Rezitative seiner Passionsvertonungen. Wieder geht er vom Gerüst des choralen Lektionstones aus, dessen Struktur grundsätzlich erhalten bleibt. Doch erweitert Schütz den tonalen Umfang, verschafft dem Evangelisten damit die Möglichkeit, die historische Erzählung in verschiedenen Stimmlagen anschaulicher wiederzugeben. Ausdrucksvolle Wendungen, kleinere Melismen oder Wechselnoten vorzugsweise kleiner Sekunden etwa, die Schütz in die Rezitation einfügt, verraten zudem die persönliche Anteilnahme des nüchternen Berichterstatters. Häufig vermittelt der Evangelist nicht die Reden anderer Personen, sondern kommentiert sie subtil.

Die stilistische Nähe von Schütz' *Weihnachts-Historia* und seinen *Passionen* ist auch eine zeitliche. Eine Eintragung in den Hoftagebüchern von 1665 ermöglicht es, zumindest für eine der drei Vertonungen der Leidensgeschichte seine Entstehungszeit zu bestimmen: «4. ward die Komposition aus dem Evangelisten Johannes nach der neuen Komposition des Kapellmeisters Heinrich Schütz gesungen»[240]. Doch auch die beiden anderen *Passionen* nach Lukas und Matthäus, die Schütz für den höfischen Gottesdienst in Dresden komponierte, dürften kaum wesentlich früher entstanden sein, da erst in Aufzeichnungen aus der Zeit Johann Georgs II., also nach 1656, die Aufführung von drei Passionen an den Sonntagen Judica und Palmarum sowie am Karfreitag belegt ist.[241]

Jede der drei *Passionen,* die Schütz ihrer liturgischen Verwendung wegen ohne instrumentale Begleitstimmen vertont – sogar auf eine Generalbaß-Unterstützung verzichtet er –, ist auf eine Grundtonart bezogen, die für alle Sätze verbindlich ist. Dabei verwendet Schütz für die möglicherweise zuerst entstandene *Lukas-Passion* (SWV 480) einen lydischen (F-)Modus, der sie der *Weihnachts-Historia* naherückt: Lukas aber ist – neben Matthäus – derjenige der vier Evangelisten, der ausführlich von Geburt und Kindheit Jesu berichtet; so könnte die Verwendung der gleichen Tonart auch in der Passionskomposition gerade auf diesen Zusammenhang, den gemeinsamen Autor, hinweisen.

Die *Historia des Leidens und Sterbens unsers Herrn und Heylandes Jesu Christi nach dem Evangelisten S. Matheus* (SWV 479) ist im dorischen Modus gehalten, der traditionell die Mitte möglicher Affektlagen bestimmt[242], damit aber weniger Ausgeglichenheit und Allgemeinverbindlichkeit symbolisiert, sondern um so vielfältiger eine Nachzeichnung des vergleichsweise farbigen, episodenreichen Passionstextes nach der Überlieferung des Matthäus ermöglicht.

Der Text der Leidensgeschichte nach Johannes, die Grundlage von Schütz' dritter Passionsvertonung (SWV 481), stellt dagegen Christus, den Menschensohn, ins Zentrum der Betrachtung. Der nüchternen, sachlichen, nur auf Prozeß und Hinrichtung Jesu konzentrierten Erzählung korrespondiert mit dem phrygischen (E-)Modus die Tonart der schmerzlichsten Affekte.

Äußerst knapp, oft auf wenige Sekunden verdichtet, sind in allen drei *Passionen* die chorischen Einwürfe. Häufig dient nur ein einziges prägnantes Motiv in kurzatmigen Imitationen dazu, sehr bildhaft das vielfältige, später einstimmige Schreien der Massen nachzuzeichnen. Dabei ist eine kontrapunktische Struktur verbindlich, doch an zahlreichen Stellen nach den Ausnahmen, die die Musiktheoretiker inzwischen zuließen, durchbrochen. Auch hier verleugnet Schütz weder seine Maxime, das kompositorische Ideal eines strengen Satzes, noch verzichtet er auf die in vielen Jahrzehnten erworbenen und verfeinerten Möglichkeiten intensiverer Textdeutung. Eines sind Schütz' späte Werke sicherlich nicht: starre Exempel eines absolut gesetzten, für unveränderlich angesehenen Systems. Versteht man die geschichtliche Entwicklung der Musik als Ausbildung und Erweiterung insbesondere harmonischer Mittel, in einer zunehmend freieren Verfügung und Deutung von Tonalität, so stehen noch Schütz' letzte Kompositionen auf der Höhe ihrer Zeit.

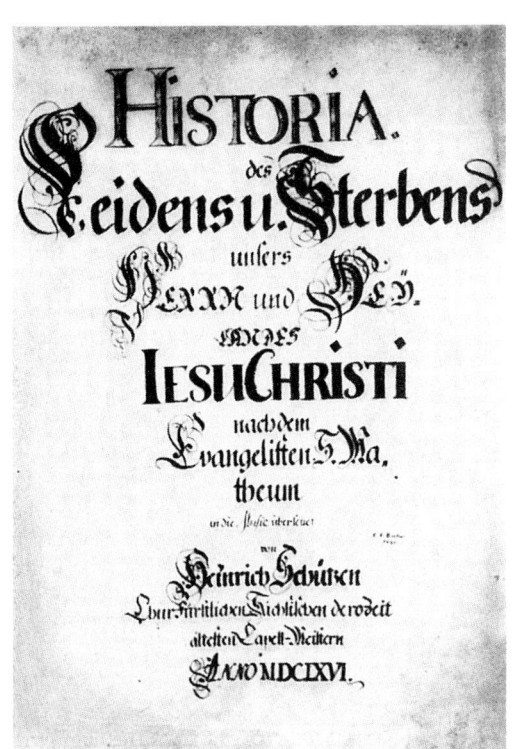

Heinrich Schütz, «Matthäus-Passion». Titelblatt der Abschrift von Johann Zacharias Grundig, nach 1692

Ungeachtet nicht ausbleibender körperlicher Gebrechen plante Schütz selbst in hohem Alter noch große Kompositionen: «So haben bey denselben die Kräffte und sonderlich das Gehör/ etliche Jahr her sehr abgenommen/ also daß er gar wenig ausgehen noch sich bei der Anhörung Göttlichen Worts gebrauchen können/ sondern mehrentheils zu Hause bleiben müssen/ daselbst er aber seine meiste Zeit mit Lesung der heiligen Schrifft und anderer geistreicher Theologorum Bücher zu gebracht/ auch noch immer stattliche Musicalische Compositiones über etliche Psalmen Davids/ sonderlich den 119. […] mit grossen Fleiß verfertiget.»[243]

Kaum zufällig ist die Wahl gerade des 119. Psalms für Schütz' erklärtermaßen letztes Werk: So wie – nach Luther – der Psalter eine kleine Bibel darstellt, «darinn alles auffs schönest vnd kürtzest/ so jnn der gantzen Biblia stehet/ gefasset/ vnd zu einem feinen […] Handbuch gemacht vnd bereitet ist»[244], so ist – nach Johannes Bugenhagen, der diese Worte noch weiter eingrenzt – «der Inhalt ganzer Göttlicher Schrift in diesem Psalmen begriffen»[245]. Stellvertretend, so meint Wolfram Steude, der das

Heinrich Schütz. Kupferstich in der gedruckten Leichenpredigt Martin Geiers

unvollständig überlieferte Werk rekonstruiert und herausgegeben hat, schreibt nun Schütz mit dem 119. Psalm eine Vertonung der gesamten Bibel; sein *Schwanengesang* sei sein «geistig-religiöses und zugleich künstlerisches Testament»[246].

Schon in der Anlage der Dichtung des 119. Psalms spiegelt sich die Idee des Enzyklopädischen. Die Buchstaben des hebräischen Alphabets gliedern nicht nur nach ihrer Anzahl die 176 Verse in 22 Gruppen, sondern stehen auch innerhalb dieser Abschnitte am Anfang eines jeden Verses. Schütz faßt je zwei Achtversgruppen zusammen und vertont so den gesamten Text in elf doppelchörigen Motetten (SWV 482–492), denen er im Anhang eine weitere Fassung des 100. Psalms, *Jauchzet dem Herrn* (SWV 493), sowie ein deutsches *Magnificat* (SWV 494) hinzufügt. Durch die Kombination dieser Stücke rückt in dem nun dreizehn Kompositionen enthaltenden Werk, das 1671 geschlossen vorlag, die siebte Motette ins Zentrum, die mit den Worten «Wie habe ich dein Gesetze so lieb» beginnt und in dem Satz «Ich neige mein Herz, zu tun nach deinen Rechten immer und ewiglich» kulminiert. Der auch musikalisch vergleichsweise weit ausgeführte Vers könnte somit bekenntnishaft in der Mitte des Werks plaziert sein.[247]

Kompositionstechnisch auffällig sind die einstimmigen Intonationen der einzelnen Motetten, die als Cantus firmi in den Doxologien wiederkehren; doch sind diese Abschnitte über die Schlußformel «Ehre sei dem Vater» freier gehalten als die auf Verständlichkeit des Textes zielenden Hauptteile. Hier vor allem finden sich zahlreiche Reminiszenzen auch an italienische Kompositionen. Einflüsse der venezianischen Lehrzeit, von Giovanni Gabrieli und der Musik Claudio Monteverdis aus dem ersten Viertel dieses Jahrhunderts, klingen noch nach annähernd 60 Jahren an.

Ein handschriftlicher Vermerk von Schütz auf einem Druckexemplar faßt ein letztes Mal seine Vorstellungen über eine angemessene Ausführung dieser doppelchörigen Musik in Worte: So man in der Hofkapelle musiziere, sollen diese Motetten *auf denen beyden über dem Altar, beyden Einander gegenüber, erbaueten zwey schönen Musicalischen Choren, Von 8 gueten stimmen in 2 Orgelinnen versuchet, undt abgesungen werden*[248]. Ob Schütz noch Gelegenheit fand, diese seine letzte Komposition dort zu hören, ist ungewiß. Mehrfach, selbst im hohen Alter, reiste er nach Dresden, allein um Vorsorge für sein Grab zu treffen, das neben dem seiner vor fast einem halben Jahrhundert verstorbenen Frau liegen sollte.

Nach dem Tod seiner Schwester Justina am 17. Mai 1672 verließ er Weißenfels und zog für die Zeit, die ihm noch verbleiben sollte, nach Dresden: «Es haben ihn auch Zeit hero etliche mahl starcke Flüsse überfallen/ welchen aber durch Gebrauch nützlicher Artzneyen noch immer widerstanden/ Am verwichenen 6. Novembris aber ist er zwar frisch und gesund auffgestanden/ und hat sich angezogen/ es hat ihn aber nach 9. Uhr/ als er in der Cammer etwas auffsuchen wollen/ eine gehlinge Schwachheit mit einem Steck-Fluß [Schlaganfall] übereilet/ also daß er darüber zu Boden sincken müssen/ und sich nicht helffen können/ und ob wohl/ als seine Leuthe zu ihm kommen/ ihm auffgeholffen/ auch alsbald in die Stuben in ein Bette gebracht/ er sich in etwas wieder erholet und gar verständlich geredet/ hat ihn doch dieser Steck-Fluß so starck zu gesetzet/ daß er/ nachdem er noch diese Worte von sich hören lassen: Er stellete alles in

Moritzstraße 10 in Dresden, das Sterbehaus von Heinrich Schütz

Alte Frauenkirche in Dresden. Heinrich Schütz wurde 1672 in einer Halle neben dem Chorraum beigesetzt. Die Kirche ist 1727 wegen Baufälligkeit abgetragen worden, das Grab von Schütz existiert nicht mehr

GOTTES gnädigen Willen/ der Sprache nicht mehr mächtig gewesen/ und da gleich der Herr Medicus alsobald zu ihm gefordert worden/ und mit köstlichen Medicamentis ihm zu Hülffe zu kommen und die Natur zu stärcken allen Fleiß angewendet/ ist ihm doch wenig bey zu bringen gewesen/ Ingleichen sein Herr Beicht-Vater zu ihm erfordert worden/ der ihm allerhand Gebeth und Sprüche vorgebethet und eingeschrien/ da er denn etliche mahl durch Neigung des Haupts und mit den Händen zu verstehen gegeben daß er seinen JESUM in Hertzen habe/ worauff ihn der Herr Beicht-Vater eingesegnet/ Und ist er also fort als wenn er schlieffe/ gantz stille liegen blieben/ bis endlichen der Athem und Pulß allmehlich abgenommen und sich verlohren/ und er als es 4. geschlagen/ endlichen unter dem Gebeth und Singen der Umbstehenden/ sanfft und seelig ohne einiges Zucken verschieden/ Nachdem er in die 57. Jahr Churfürstlicher Sächsischer Capell-Meister gewesen/ und sein Alter gebracht hat auff 87. Jahr und 29. Tage.»[249]

Nachklänge

«Heinrich Schütz, der christliche Psalmsänger, eine Kostbarkeit den Fremden, für Deutschland ein Licht, der Kapelle der sächsischen Kurfürsten Johann Georg I. und II., der er 57 Jahre vorstand, eine unsterbliche Zierde. Was an ihm vergänglich war, legte man unter diesem aus fürstlicher Freigebigkeit errichteten Denkmal nieder. Seines Alters 87 Jahre, nach unserer Zeitrechnung 1672.»[250]

So stand es auf einer Messingtafel in einer Halle neben dem Chorraum der Dresdner Frauenkirche, wo Schütz am 17. November 1672 beigesetzt wurde. Das Grab selbst war mit einer schwarzen Marmorplatte abgedeckt, die den Verstorbenen als «Seculi sui Musicus excellentissimus»[251], als berühmtesten Musiker seines Zeitalters auswies.

Der aktuelle musikalische Geschmack zum Zeitpunkt seines Todes mochte sich verändert haben, die Bedeutung, die man Schütz zumaß, war indes völlig unumstritten: So bestätigt Wolfgang Caspar Printz in seiner «Historischen Beschreibung der Edlen Sing- und Kling-Kunst», daß Schütz im Jahr 1650, als *Geistliche Chormusik* und die zweiten und dritten Teile der *Symphoniae sacrae* gerade erschienen waren, «für den allerbesten teutschen Komponisten»[252] gehalten worden sei. Ähnliche Superlative finden sich häufig bei Schütz' Zeitgenossen[253], und nicht nur anläßlich seines Begräbnisses.

Inwieweit nach seinem Tod noch Kompositionen von Schütz aufgeführt wurden, ist unbestimmt. Von einer Pflege seines Werkes kann jedoch kaum ausgegangen werden, da Musik, nicht nur Auftragskompositionen zu festlichen Anlässen, primär an ihre Gegenwart gebunden war. Handschriftliche Werke waren den Zufällen der Überlieferung naturgemäß in größerem Maße ausgesetzt als Druckausgaben, die immerhin Wiederaufführungen erlaubten – sofern es die technischen Mittel, die mitunter umfangreiche Besetzung wie die teilweise erheblichen Anforderungen an Sänger und Instrumentalisten zuließen. Sicherlich wird man an verschiedenen Orten gelegentlich auf die eine oder andere Motette aus der *Geistlichen Chormusik* zurückgegriffen haben; eine ungebrochene Schütz-Tradition allerdings ist weder in Dresden noch in Leipzig nachzuweisen.

Oberhofprediger Martin Geier (1614–1680)

Der Name Heinrich Schütz aber blieb im Gedächtnis der Musikhistoriker, die auch einige Werke zumindest dem Titel nach kannten. Johann Gottfried Walther erwähnt im biographischen Artikel seines Musikalischen Lexikons (1732), der auf dem Nekrolog von Martin Geier basiert, die *Geistliche Chormusik,* die *Symphoniae sacrae II* und *III,* die *Kleinen Geistlichen Konzerte,* den *Becker-Psalter* sowie die *Auferstehungshistorie.* Johann Mattheson, der sich auf die Informationen Walthers ausdrücklich bezieht, weiß in der «Grundlage einer Ehrenpforte» (1740) zu ergänzen, daß Schütz' «Compositiones in der dresdenschen musikalischen Bibliothek in grosser Menge vorhanden sind, worunter, biß an den heutigen Tag, bewundert werden dessen Motetto ab. 8 Jesaja, dem Pro-

Kurtze Beschreibung
Des
(Tit.)
Herrn Heinrich Schützens/
Chur-Fürstl. Sächs. ältern Capellmeisters/ geführten müheseeligen Lebens-Lauff.

Er Chur-Fürstl. Sächs. ältere Capellmeister Herr Heinrich Schütze/ ist auf diese Welt gebohren worden zu Köstritz/ ein wohlbekandten Flecklein an der Elster gelegen/ und denen Hoch-Edelgebohrnen Herrn von Wolframsdorff gehörig/ im Jahr Christi 1585. am 8. Tage des Octobris, Abends umb 7. Uhr. Sein Herr Vater ist gewesen Herr Christoff Schütze/ nachmahls Bürgermeister der Stadt Weissenfelß. Seine Fr. Mutter Frau Euphrosina/ Herrn Johann Bergerns/ vornehmen Practici und Bürgermeisters zu Gera seel. eheleibl. Tochter. Sein Herr Groß-Vater vom Vater/ ist gewesen/ Herr Albrecht Schütze/ Raths-Cämmerer zu Weissenfelß/ Seine Fr. Groß-Mutter/ Mütterlicher Linie aber/ Frau Dorothea/ geboren aus dem alten und zu Gera wohlbekandten Geschlechte/ der Schreiber/ Weitern Bericht von seinen Ober-Eltern und beyderseits Anverwandten/ ist wegen kürtze der Zeit allhier bescheidentlich zu übergehen; Vielmehr aber zu rühmen/ daß des Herrn Capellmeisters geehrte Eltern in ihrer Christlichen Sorgfalt/ nach welcher Sie zum ersten mit ihren dazumahl neugebohrnen Sohne/ nach dem Reich GOTTES getrachtet/ und damit Er dessen unzweiffelbarer Erbe werden möge/ unserm

F 3   einigen

Erste Seite der Beschreibung des Lebens von Heinrich Schütz in Martin Geiers Leichenpredigt

pheten das geschah etc. ingleichen die Geschicht des Leidens und Sterbens unsers Heilandes»[254]. Mehr noch berichtet Mattheson von Schütz im Artikel über Christoph Bernhard, der neben Vincenzo Albrici, Marco Peranda, Carlo Pallavicino und Andrea Bontempi Kapellmeister am

Dresdner Hof war und sich bei Schütz, dem «allgemeinen Lehrmeister deutscher Musikanten»[255], habe ausbilden lassen. Überschwenglicher noch heißt es dann zu Kaspar Förster dem Jüngeren, einem weiteren Schüler von Schütz: «Man nannte ihn [Schütz] nur den Vater aller Musikorum, dem es die Teutschen zu dancken hätten, daß sie es nunmehr eben so hoch, wo nicht höher bringen konnten, als die Italiäner.»[256] Bis zum Beginn des 19. Jahrhunderts finden sich in Nachschlagewerken, auch in Frankreich, lediglich die Artikel aus Walthers Lexikon nachgeschrieben, mitunter ergänzt um die Zusätze Matthesons.

Es ist kaum überraschend, daß in all diesen Berichten weltliche Werke von Schütz nicht erwähnt werden, waren doch die wenigsten von ihnen jemals im Druck erschienen. Sein in Italien publiziertes Madrigalbuch etwa, das erste Opus aus dem Jahre 1611, dürfte in Deutschland – wenn überhaupt – nur eine geringe Verbreitung gefunden haben. Alle anderen Liedkompositionen, Bühnenwerke und Ballette – Auftragswerke, die er als Hofkapellmeister zu besorgen hatte – konnten als Neben- und Gelegenheitswerke abgetan werden; sie waren schon aufgrund ihres ephemeren Charakters, ihrer Gebundenheit an eine bestimmte historische Situation eines Festes wegen, kaum publikationsfähig. So lag der Schluß nahe, daß Schütz eher halbherzig die Pflichten seines Hofkapellmeisteramtes versehen hätte, die weniger eng mit den Gottesdiensten verknüpft waren. Und doch war er nicht in kirchlichen Diensten beschäftigt; auch fehlen alle Anzeichen, daß er sich je um eine Kantorenstelle ernstlich bemüht hätte. Zudem nahm er die Verpflichtungen, am dänischen Hof Hochzeitsfeierlichkeiten musikalisch auszugestalten, sicherlich nicht unter der Voraussetzung an, hier primär Kirchenkompositionen schreiben zu können. Die Festmusik, die große musikalische Aufführung bei derlei Anlässen, mit der man repräsentierte und sich selbst in allegorischem Spiel feierte, hatte anderen Charakter.

Am Ende des 17. Jahrhunderts finden sich schon Versuche, die Vielfältigkeit des kompositorischen Œuvres von Schütz um seine weltlichen Werke zu reduzieren; sein «eigentliches» Anliegen sei die geistliche Musik gewesen, Verkündigung durch Vertonung. So schrieb bereits der aus Weißenfels stammende Pfarrer Georg Weiße in seinem «Christlichen Assaph», einem Gedicht auf Schütz' Tod:

«Was Heydnisch war/ was in sich hielt Unflätereyen/
Das war dir eitel Grewl: Du bliebst bei GOttes Wort/
Das Luther hat gelehrt/ die andern mochten Schreyen/
Was sie ein ander Geist gelehrt an ihrem Ort.
Drum heulte Phlegeton[257] und macht' ein Traur-Getümmel/
So bald dein Sang-Gedicht der frohe Chor fieng an;
Hingegen freuten sich die Engel all' im Himmel/
und jauchzten über dir/ du GOtt-ergebner Mann.»[258]

Carl von Winterfeld
(1784–1852)

Schon früh waren somit zwei Grundzüge der Schütz-Rezeption ausgeprägt: er wurde als ein zutiefst deutscher Künstler und als genuiner Komponist von geistlicher Musik angesehen. In der umfangreichen Studie Carl von Winterfelds, der im Rahmen seines dreibändigen Werks über «Johannes Gabrieli und sein Zeitalter» (1834) Schütz als dessen bedeutendstem Schüler ein umfangreiches Kapitel widmete[259], treten beide Aspekte jedoch in den Hintergrund. Winterfeld, dem das Verdienst zukommt, als erster sich mit dem Leben und dem Werk von Schütz im neueren Sinne musikwissenschaftlich auseinandergesetzt zu haben, erkannte zwar die historische Bedeutung Schütz'. Im Bemühen um eine reine, «heilige» Tonkunst – eine Suche, die er mit Anton Friedrich Justus Thibaut, Ernst Theodor Amadeus Hoffmann und anderen zu Beginn des 19. Jahrhunderts teilte – erschienen Schütz' Werke, insbesondere die instrumentalbegleiteten *Symphoniae sacrae,* für die Gegenwart, in der eine Erneuerung der Kirchenmusik angestrebt wurde, jedoch weniger geeignet. Winterfeld fand sein Ideal in Kompositionen Johann Eccards, der zum «preußischen Palestrina» erhoben werden sollte.

Möglicherweise durch Winterfelds Arbeiten angeregt sind ab 1835 erste Wiederaufführungen Schützscher Werke nachzuweisen. François

Arnold Mendelssohn
(1855–1933)

Joseph Fétis integrierte Schützsche Musik in seine Konzerte mit historischer Musik in Paris; Johann Nepomuk Schelble, der auch um die Bach-Pflege verdiente Leiter des Frankfurter Cäcilien-Vereins, nahm sich unter anderem des vielstimmigen Konzerts *Saul, Saul, was verfolgst du mich* aus den *Symphoniae sacrae III* an (SWV 415), das auch Johannes Brahms 1864 in Wien aufführte.[260] Für letzteren blieb die Auseinandersetzung mit Werken von Schütz nicht nur Episode; Brahms' Motetten zeugen unverkennbar vom Studium insbesondere der *Geistlichen Chormusik;* und ohne Studien der einschlägigen Kompositionen Schütz' sind auch Felix Mendelssohn Bartholdys doppelchörige Werke kaum denkbar.

Dem Bemühen, Schütz' Musik der (gottesdienstlichen) Praxis zugänglich zu machen, dienten die Bearbeitungen Karl Riedels und Arnold Mendelssohns. Riedel stellte aus den drei Passionen Schütz' sowie vor allem aus Teilen der (nicht authentischen) Markus-Passion eine «Historia des Leidens Jesu Christi» (zuerst nachweisbar 1858, gedruckt 1870) zusammen, die er ebenso wie die wenig später redigierte Passions-Komposition «Die sieben Worte» mit einem harmonisch angereicherten Generalbaß versah. Ähnlich deutete auch Arnold Mendelssohn seine Klavierbegleitung der Schützschen Oratorien im Stil der Zeit.

1885, in dem Jahr, in dem man den 200. Geburtstag von Johann Sebastian Bach und Georg Friedrich Händel feierte, gedachte man des 100 Jahre älteren Heinrich Schütz in ungleich geringerem Maße. Während die Werke Bachs und Händels inzwischen in zahlreichen Editionen vorlagen – monumentale Gesamtausgaben waren bereits weit fortgeschritten, und die Fülle von Sammelbänden und Bearbeitungen für die Praxis wurde unübersehbar –, eröffnete nun erst Philipp Spitta mit der Evangelisten-Partie der *Weihnachts-Historia* eine Edition der Werke von Heinrich Schütz, die 1894 in sechzehn Bänden abgeschlossen vorlag. Arnold Schering und Heinrich Spitta fügten schließlich zwei Supplementbände hinzu (1909 bzw. 1927).

Weniger intensiv als die Bemühungen um das Werk von Schütz war im 19. Jahrhundert die wissenschaftliche Erforschung seiner Biographie. Hinweise zu Schütz finden sich zunächst fast ausschließlich in lokalhistorischen Studien, insbesondere in den beiden Bänden Moritz Fürstenaus «Zur Geschichte der Musik und des Theaters am Hofe zu Dresden» (1861/62; zahlreiche kleinere Arbeiten zum selben Thema seit 1848). Daneben bieten die Forschungen zur städtischen und höfischen Musik in Braunschweig und Wolfenbüttel (Friedrich Chrysander, 1863), Kopenhagen (Angul Hammerich, 1892), Weißenfels und Zeitz (Arno Werner, 1911 und 1922) viel Schütz Betreffendes.

Nach etlichen Artikeln in Lexika und Enzyklopädien erschien erst 1913 eine erste selbständige Schrift über Heinrich Schütz von André Pirro, der an der Pariser Schola Cantorum wie dann als Nachfolger Romain Rollands an der Sorbonne Musikgeschichte lehrte. In vielerlei Hinsicht an seine grundlegende Studie zu Johann Sebastian Bachs Ästhetik anschließend, versuchte er in seinem 1913 erschienenen Buch, das Bild des Hofkapellmeisters auch und gerade unter Berücksichtigung der weltlichen Werke facettenreicher zu gestalten.

Die Wiederkehr des 250. Todestages von Heinrich Schütz 1922 wurde zum Anlaß der Gründung einer ersten Heinrich-Schütz-Gesellschaft. Erich Hermann Müller von Asow, einer der Initiatoren, gab im gleichen Jahr ein kleines Bändchen mit den wichtigsten Daten der Biographie nebst einem Werkverzeichnis heraus. Wenige Jahre später ließ er eine weitere knappe Monographie, die auf intensiven Quellenstudien basierte, folgen. Seine Ausgabe der «Gesammelten Briefe und Schriften» von Heinrich Schütz (1931) werden durch die «Schütz-Dokumente» (2005 ff.) ersetzt.

Vielfältig sind die Gründe, die in den zwanziger Jahren dieses Jahrhunderts zu einer verstärkten Pflege des Werkes von Schütz führten und ihn schließlich zur Leitfigur protestantischer Kirchenmusik werden ließen. Im Bemühen um eine Kirchenmusik, in der Verkündigung und Anbetung, nicht mehr Andacht und Bekenntnis im Zentrum standen, schienen die geistlichen Werke Schütz' ein Ideal liturgisch-funktionaler Musik zu er-

Philipp Spitta
(1841–1894)

füllen; im Gegensatz zu den Werken Johann Sebastians Bachs hatten sie im 19. Jahrhundert, der Zeit einer nunmehr verpönten «Romantik», keinen vergleichbaren Prozeß einer Autonomisierung erlebt, sondern blieben stets gottesdienstlich gebunden.[261] Zudem konnten die Werke Schütz' als vergleichsweise «objektive» Auslegung des Bibelwortes verstanden werden; individuellen Zügen oder bekenntnishafter Subjektivität schien diese Musik – wenn überhaupt – nur geringen Raum zu geben.

Entsprechend konzentrierte sich die Rezeption Schützscher Kompositionen auf das Spätwerk von *Passionen* und *Weihnachts-Historia,* die stets strikt a cappella, selbst ohne Generalbaß ausgeführte *Geistliche Chormusik* sowie die *Kleinen Geistlichen Konzerte.* Einer solchen Tendenz zum schlichten, leicht ausführbaren Werk entsprachen die teilweise ausladenden Besetzungen einiger *Symphoniae sacrae* (insbesondere des dritten Teils) ebensowenig wie die vielchörigen *Psalmen Davids.* Auch dürften die differenzierten Strukturen mancher *Cantiones sacrae* oder die virtuosen Anforderungen vokaler Konzerte schon die (stimm)technischen Möglichkeiten der häufig mit Laien musizierenden «Singkreise» überstiegen haben. Favorisiert wurden klar konturierte, unaufdringliche Musizierstücke, stille Instrumente wie Blockflöte und Kleinorgel; jegliches barocke Pathos wollte man vermeiden.

«Singe-» und «Orgel-Bewegungen» sollten zu unverfälschtem, der neuen Spiritualität entsprechendem Musikgut führen. Für die Orgelmusik gewannen Dietrich Buxtehude und Samuel Scheidt, für die Komponisten von Chorwerken Michael Praetorius und Heinrich Schütz zentrale Bedeutung. Doch schrieb man nun nicht Stilkopien, sondern versuchte gewissermaßen die Grammatik des Kontrapunkts auf die Tonsprache der Zeit, deren erweiterte Tonalität und geänderte Auffassung von Dissonanz zu transponieren. Das Bestreben, Schützsche Kompositionen mit den Mitteln der Gegenwart neu zu formulieren, kennzeichnet – neben anderen – insbesondere die Chorwerke von Hugo Distler und Ernst Pepping; noch den Titel übernimmt Distlers «Geistliche Chormusik» (op. 12; 1934–42) von Schütz. Und das hier fixierte Stilideal wurde seinerseits verbindlich für Komponisten evangelischer Kirchenmusik – zu nennen wären vor allem Kurt Thomas, Günter Raphael, Siegfried Reda und Willy Burkhard – bis in die unmittelbare Gegenwart.

Die enge Verknüpfung dieser zeitgenössischen geistlichen Musik mit ihren geschichtlichen Leitfiguren verdeutlicht das verlegerische Engagement von Karl Vötterle (seit 1924; Bärenreiter-Verlag) sowie Georg Kallmeyer (seit 1925; heute: Möseler-Verlag), die sich um Neukompositionen wie Werkausgaben der «Alten Meister» bemühten. Reihenpublikationen («Das Chorwerk», «Kleine Bärenreiter Ausgaben» usw.) machten die Musik des 16. und 17. Jahrhunderts auch der Praxis (wieder) zugänglich. Von denen, die diese Unternehmungen wissenschaftlich und als Herausgeber begleiteten, seien stellvertretend Friedrich Blume, Christhard Mahrenholz, Friedrich Ludwig, Wilibald Gurlitt und Hans Joachim Moser genannt. 1929/30 wurde eine «Neue Schütz-Gesellschaft» gegründet, die mit Schütz-Festen (zuerst 1930 in Berlin-Charlottenburg) und Schütz-Werkwochen (ab 1936) Foren schuf, wissenschaftliche, praktische und künstlerische Fragen der Schütz-Forschung und -Pflege auszutauschen.

Das Gedenkjahr 1935 anläßlich des 350. Geburtstages von Heinrich Schütz offenbarte in fataler Weise die Möglichkeit, die Auffassung von Schütz als dem «Vater der deutschen Musik» zu instrumentalisieren. Schütz' Auseinandersetzung mit der italienischen Musik seiner Zeit erhielt in der Deutung von Hans Engel die Dimension eines nationalen Konflikts. Otto Michaelis sah in Schütz eine «Lichtgestalt des deutschen Volkes» – im Dreißigjährigen Krieg und in der Gegenwart. Schütz-Pflege bedeute, so Wilibald Gurlitt, ein Bekenntnis «zu dem, was wahrhaft deutsch und deutsche Musik ist, zu unserer geschichtlichen Substanz an deutschem Volkstum»[262]. Nicht wenige, selbst namhafte Vertreter der Musikwissenschaft schreckten vor ähnlichen Aussagen nicht zurück; auch Hans Joachim Mosers monumentale Schütz-Biographie (1936), lange Zeit das zentrale Werk der Schütz-Forschung, ist von den Schatten ihrer Entstehungszeit nicht frei; sie erschien jedoch – lediglich um einige Nachträge bereichert – 1954 in zweiter Auflage.

Hugo Distler (1908–1942)

Das Schütz-Bild, wie es in der ersten Hälfte des Jahrhunderts entstanden war, verlor auch nach 1950 seine Wirkungsmächtigkeit zunächst nicht; selbst die Publikationen in der Deutschen Demokratischen Republik, beispielsweise anläßlich der Eröffnung einer Gedenkstätte im Geburtshaus des Komponisten in Bad Köstritz 1954, zeigten kein eigenes, neues Profil. Mit den Arbeiten von Thrasybulos Georgiades («Musik und Sprache», 1954) und Hans Heinrich Eggebrecht («Musicus poeticus», 1959) erschienen grundlegende Studien zum Wort-Ton-Verhältnis bei Schütz. Christiane [Bernsdorff-]Engelbrecht und Eberhard Schmidt lieferten minuziöse Berichte über das höfische Kasseler wie das gottesdienstliche Dresdener Umfeld.

Die von Wolfgang Fortner 1956 formulierte These, daß sich geistliche Musik von Rang gegenwärtig nur außerhalb des Gottesdienstes verwirklichen lasse[263], erhielt gut ein Jahrzehnt später durch die Ausführungen Eggebrechts zu «Schütz und Gottesdienst. Versuch über das Selbstverständliche» (1969, ²1984) Nachdruck. Das Ideologische einer (ausschließlichen) Verknüpfung von Schütz und Protestantismus fand hier eine sorgfältig fundierte Kritik.

Fast gleichzeitig formulierte Siegfried Köhler die Grundzüge einer marxistischen Schütz-Deutung. Dort wurden noch 1985 die Aspekte einer «Idee von der menschlichen Würde, der sozialen Gerechtigkeit, des sozialen Fortschrittes und des Friedens»[264] bei Schütz betont; die übliche Trennung «geistlich – weltlich» verwarf man als «undialektisch».

Die wissenschaftliche Schütz-Forschung vermochte mehr und mehr Details von Schütz' Leben und Wirken zu erhellen, zu sichern und zu belegen. Zahlreiche Zuschreibungen und glückliche Funde zeugen von einer bemerkenswert erfolgreichen Tätigkeit, namentlich des Dresdener Heinrich-Schütz-Archivs unter seinen Leitern Wolfram Steude und Manfred Fechner.

Waren zwar die Ergebnisse des Gedenkjahres 1972 eher dürftig, so erschienen in der Folge etliche wertvolle Studien, zum Beispiel in den Bänden des «Schütz-Jahrbuches» (ab 1979), die die zuvor in unregelmäßiger Folge publizierten «Sagittarius»-Sammelbände fortsetzen.

Schon seit den Anfängen der Wiederentdeckung des Werkes von Heinrich Schütz in der Mitte des 19. Jahrhunderts wurden seine Kompositionen zugleich als Kunstwerke wie als liturgische Gebrauchsmusik angesehen; dies spiegelt sich noch in der «Neuen Ausgabe sämtlicher Werke», die seit 1955 zunächst von Kurt Gudewill betreut wurde. Mit Rücksicht auf die Praxis wurden nicht nur zahlreiche Kompositionen transponiert, sondern auch die Einheit von Sammelbänden, etwa der *Kleinen Geistlichen Konzerte,* preisgegeben. Von einer neuen, zweiten Schütz-Gesamtausgabe, der sogenannten «Stuttgarter Schütz-Ausgabe», besorgt von Günter Graulich, erschienen nur wenige Bände. Ein 1960 von Werner Bittinger erstelltes «Kleines Schütz-Werke-Verzeichnis» (SWV) sollte nur ein vorläufiges sein. Es wird, um die Ergebnisse stilkritischer Untersuchungen zur Entstehungszeit, aber auch um neue Quellenfunde bereichert, durch eine «große» Version ersetzt werden.

Je deutlicher in diesen Werkausgaben und -verzeichnissen die Vielschichtigkeit von Schütz' Œuvre erkennbar wird, desto mehr erweisen sich alle Versuche, seine Musik und seine Person zu instrumentalisieren, als obsolet und unhaltbar. So gewinnt allmählich ein Bild von Schütz Konturen, das ihn als Mittler zwischen verschiedenen musikalischen Kulturen zeigt: Er war vielleicht der einzige deutsche Komponist seiner Zeit mit internationaler Reputation, dem die Traditionen protestantischen Komponierens ebenso vertraut waren wie die neue, theatralische Musik Italiens. In der Verbindung konventioneller und moderner Techniken des Tonsatzes gelang es ihm, eine individuelle Musiksprache zu formulieren, deren besondere Dimension noch immer zu entdecken ist.

Anmerkungen

Abgekürzt zitierte Literatur:

Brodde	Brodde, Otto: Heinrich Schütz. Weg und Werk. Kassel ²1979
Eppstein	Eppstein, Hans: Heinrich Schütz. Neuhausen–Stuttgart 1975
Geier	Geier, Martin: Kurtze Beschreibung Des (Tit.) Herrn Heinrich Schützens Chur-Fürstl. Sächs. ältern Capellmeisters geführten müheseeligen Lebens-Lauff. Kassel 1935
Gregor-Dellin	Gregor-Dellin, Martin: Heinrich Schütz. Sein Leben, sein Werk, seine Zeit. München 1984
Kobuch	Kobuch, Agatha: Neue Sagittariana im Staatsarchiv Dresden; in: Heinrich Schütz im Spannungsfeld seines und unseres Jahrhunderts (Kongreßbericht Dresden 1985, Teil 2). Leipzig 1988, S. 119–162
Köhler	Köhler, Siegfried: Heinrich Schütz. Anmerkungen zu Leben und Werk. Leipzig 1985
Krause-Graumnitz	Krause-Graumnitz, Heinz: Heinrich Schütz. Sein Leben im Werk und den Dokumenten seiner Zeit. 2 Bde., Leipzig 1985 u. 1988
Moser	Moser, Hans Joachim: Heinrich Schütz. Sein Leben und Werk. Kassel 1936, ²1954
Müller	Heinrich Schütz: Gesammelte Briefe und Schriften. Hg. von Erich H. Müller. Regensburg 1931
SJb	Schütz-Jahrbuch. Im Auftrag der Internationalen Heinrich-Schütz-Gesellschaft hg. von Werner Breig. Kassel seit 1979

1. Geier, S. [2/3]
2. Müller, S. 207–216
3. Günter Grass: Das Treffen in Telgte. Eine Erzählung. Darmstadt u. Neuwied 1979
4. Eppstein, S. 43
5. Aus der Abdankungsrede des Diaconus Magister Herzog; hier zit. nach Moser, S. 199
6. Nach Wolfram Steude: Zum gegenwärtigen Stand der Schütz-Ikonographie; in: SJb 7/8 (1985/86), S. 50–61
7. Nach Geier, S. [1]; Schütz selbst gibt in seinem «Memorial» den Tag «Burckhardis» als seinen Geburtstag an (Müller, S. 208), d. h. den 14. Oktober. Zur Diskussion um das Geburtsdatum vgl. insbesondere Othmar Wessely: Zur Frage nach dem Geburtstag von Heinrich Schütz; in: Anzeiger der phil.-hist. Klasse der Österreichischen Akademie der Wissenschaften, Nr. 15, Jg. 1953; ferner Köhler, S. 20f. und Gregor-Dellin, S. 29–31
8. Siegfried Thielitz: Von Albrecht Schütze zu Heinrich Schütz. Weißenfels 1988
9. Vgl. Jürgen Kuczynski: Geschichte des Alltags des deutschen Volkes. Studien. Band 1: 1600–1650. Berlin 1980, S. 274ff.
10. Thielitz, a.a.O., S. 11
11. Köhler, S. 10
12. Geier, S. [2]
13. Geier, S. [3]
14. Vgl. zum Stundenplan des Kasseler Mauritianums Hartmut Broszinski: Schütz als Schüler in Kassel; in: Dietrich Berke u. a.: Heinrich Schütz. Texte, Bilder, Dokumente. Kassel 1985, S. 48f.
15. Broszinski, a.a.O., S. 38f.
16. Broszinski, a.a.O., S. 47f.
17. Faksimile und deutsche Übersetzung bei Broszinski, a.a.O., S. 53; vgl. Moser, S. 35–37
18. Vgl. Hanns-Peter Fink: Ein bisher unbekanntes Gedicht von Heinrich Schütz in einer Schrift der Hofschule zu Kassel; in: SJb 11 (1989), S. 15–22, sowie Eberhard Möller, Das Kondolenzgedicht des «Heinricus Schützs Leucopet.» für Johann Kolewaldt (gest. 1603), in: Forschungs- und Gedenkstätte Heinrich-Schütz-Haus/Ingeborg Stein (Hg.): Beiträge zur musikalischen Quellenforschung (= Protokoll-Band der Kolloquien im Rahmen der Köstritzer Schütz-Tage 2). Bad Köstritz 1991, S. 13–23
19. Golo Mann: Wallenstein, Frankfurt a. M. 1971, S. 8
20. Vgl. Christiane Engelbrecht: (Artikel) Landgraf Moritz von Hessen; in: Friedrich Blume (Hg.): Die Musik in Geschichte und Gegenwart, Bd. 9. Kassel 1961, Sp. 584–586
21. Michael Praetorius: Urania, Wolfenbüttel 1613, Vorwort; hier zit. nach Moser, S. 37
22. Moser, S. 37/38
23. Georg Otto: Opus musicum novum, continens textus evangelicos dierum festorum, Dominicarum per totum annum, 3 Bde., Kassel 1604; vgl. Brodde, S. 24
24. Nach Brodde, S. 25
25. Müller, S. 208
26. Geier, S. [3]
27. Müller, S. 208
28. Brodde, S. 30
29. Vgl. Brodde, S. 30f.
30. Zit. nach Broszinski, a.a.O., S. 47
31. Geier, S. [4]
32. Johannes Jeep: Studentengärtlein. Erster/Ander Theil Neuer lustiger weltlicher Liedlein. 2 Teile. Nürnberg 1605 u. 1614
33. Mann, a.a.O., S. 25
34. Moser, S. 241
35. Gregor-Dellin, S. 53
36. Geier, S. [4]

37 Müller, S. 209
38 Geier, S. [4]
39 Müller, S. 209
40 So etwa der Westfale Johann Grabbe, der Thüringer Christoph Clemsee und auf Geheiß König Christians IV. die Dänen Hans Nielsen, Melchior Borchgrevinck und Mogens Pedersøn. Vgl.: Siegfried Schmalzriedt, Heinrich Schütz und andere zeitgenössische Musiker in der Lehre Giovanni Gabrielis. Neuhausen–Stuttgart 1972, S. 24
41 Vgl. etwa Monteverdis «Il Combattimento di Tancredi e Clorinda» (1624)
42 Deutsche Übersetzung nach: Silke Leopold, Claudio Monteverdi und seine Zeit. Laaber 1982, S. 17f.
43 Als Opus 1 firmiert bei Johann Sebastian Bach der «Erste Teil der Clavierübung» (6 Partiten), 1731 im Druck erschienen; mit Joseph Haydns Opus 1, sechs zwischen 1755 und 1760 entstandenen Streichquartetten, wird zugleich ein neues Paradigma künftiger «Gesellenstücke» eingeführt; und Ludwig van Beethovens Opus 1, drei 1793/94 entstandenen Klaviertrios, geht eine Vielzahl verschiedenster Werke «ohne Opuszahl» voraus
44 Giovan Battista Guarinis «tragicommedia» «Il pastor fido» (Der treue Schäfer), 1595 in Crema uraufgeführt, gilt als berühmtestes der barocken Schäferspiele: eine mythologisch ausgeschmückte Liebesgeschichte voller tragischer (und komischer) Verwechslungen
45 Deutsche Übersetzung von Hans-Joachim Moser, nach: Heinrich Schütz, Die italienischen Madrigale. Band 22 der Neuen Schütz Ausgabe. Kassel 1962, S. XIV
46 Müller, S. 209
47 Müller, S. 210
48 Zit. nach Moser, S. 606
49 Müller, S. 210
50 Müller, S. 210f.
51 Geier, S. [5]
52 Brodde, S. 42
53 Krause-Graumnitz, Bd. I, S. 102–104
54 Moser, S. 76f.
55 Vgl. Hans Rudolf Jung: Ein wiederaufgefundenes Gutachten von Heinrich Schütz aus dem Jahre 1617; in: Archiv für Musikwissenschaft 18 (1961), S. 241–247; ders.: Ein unbekanntes Gutachten von Heinrich Schütz über die Neuordnung der Hof-, Schul- und Stadtmusik in Gera; in: Beiträge zur Musikwissenschaft 4 (1962), S. 17–36
56 Moser, S. 90f.
57 Moser, S. 96f.
58 Ricarda Huch: Der Dreißigjährige Krieg, Frankfurt a. M. 1974, S. 167f.
59 Vgl. Werner Dane: Briefwechsel zwischen dem landgräflich hessischen und dem kurfürstlich sächsischen Hof um Heinrich Schütz (1614–1619); in: Zeitschrift für Musikwissenschaft 17 (1935/36), S. 343–355
60 Zit. nach Krause-Graumnitz, Bd. I, S. 135
61 Zit. nach Krause-Graumnitz, Bd. I, S. 135
62 Vgl. Christiane Bernsdorff-Engelbrecht: Musik zwischen den Generationen. Gebrauchs- und Repräsentationsmusik am Hofe des Landgrafen Moritz von Hessen; in: Sagittarius 2 (1969), S. 29–35
63 Brief Moritz' vom 23. Dezember 1616; nach Krause-Graumnitz, Bd. I, S. 139
64 Zit. nach Moser, S. 82
65 Geier, S. [6]
66 Müller, S. 211f.
67 Kobuch, S. 122–124

68 Kobuch, S. 122
69 Kobuch, S. 123f.
70 Müller, S. 41–52
71 Müller, S. 44
72 Moser, S. 88
73 Eberhard Schmidt: Der Gottesdienst am kurfürstlichen Hof zu Dresden. Ein Beitrag zur liturgischen Traditionsgeschichte von Johann Walter bis zu Heinrich Schütz. Berlin und Göttingen 1961, S. 62
74 Christhard Mahrenholz: Heinrich Schütz und das erste Reformationsjubiläum 1617; in: Musik und Kirche 3 (1931), S. 149–159
75 Moser, S. 89
76 Moser, S. 89
77 Moser, S. 496
78 Walter Blankenburg: Der Conradsche Stich von der Dresdner Hofkapelle. (1676) Zum theologischen Verständnis des gottesdienstlichen Raumes in der altprotestantischen Orthodoxie; in: ders. (Hg.): Heinrich Schütz in seiner Zeit. Darmstadt 1985, S. 317–328, hier Nachtrag S. 328
79 Georg Weiße: Der Christliche Assaph. [Nachruf auf Heinrich Schütz]; vgl. Moser, S. 199
80 Müller, S. 60
81 Müller, S. 64
82 Michael Praetorius: Syntagma Musicum III. Wolfenbüttel 1619, S. 152
83 Krause-Graumnitz, Bd. I, S. 171
84 Krause-Graumnitz, Bd. I, S. 172
85 Bernsdorff-Engelbrecht, a.a.O., S. 30
86 Geier, S. [6]
87 Geier, S. [7]
88 Krause-Graumnitz, Bd. I, S. 173
89 Kobuch, S. 124–126
90 Müller, S. 155f.
91 Vgl. Brodde, S. 173
92 Brief Schütz' an Kaiser Ferdinand III. vom 25. April 1642; zit. nach Moser, S. 616
93 Vgl. Kobuch, S. 128f.
94 Müller, S. 67
95 Krause-Graumnitz, Bd. I, S. 165
96 Krause-Graumnitz, Bd. I, S. 215
97 Im Original lateinisch; deutsche Übersetzung bei Krause-Graumnitz, Bd. I, S. 215
98 Des weiteren schrieb Schütz für diesen Anlaß sein «Teutoniam dudum» (SWV 338; gedruckt 1641)
99 Krause-Graumnitz, Bd. I, S. 392
100 Krause-Graumnitz, Bd. I, S. 268; vgl. Wolfram Steude: Neue Schütz-Ermittlungen; in: Deutsches Jahrbuch für Musikwissenschaft für 1967, 12 (1968), S. 58f.
101 Brodde, S. 81–83
102 Antonio Scandello: Österliche Freude der siegreichen und triumphierenden Auferstehung unseres Herren, 1568 (evtl. schon 1561)
103 Müller, S. 70
104 Müller, S. 71
105 Müller, S. 72
106 Im Original lateinisch; deutsche Übersetzung bei Krause-Graumnitz, Bd. I, S. 312
107 Brief Schütz' an Caspar Ziegler vom 11. August 1653; zit. nach Müller, S. 236
108 Text bei Müller, S. 52–59; vgl. Krause-Graumnitz, Bd. I, S. 238–240
109 Krause-Graumnitz, Bd. I, S. 254
110 Zit. nach Krause-Graumnitz, Bd. I, S. 255; vollständig bei Müller, S. 357–359
111 Martin Opitz: Teutsche Pöemata und Aristarchus wieder die Verachtung Teutscher Sprach. Straßburg 1624, Vorrede
112 Textdruck der «Dafne»; vgl. Abb. S. 56
113 Vgl. ein «Weitleufftiges Verzeichnüs» Schütz' der Dresdner Musikanten, die zum Kurfürstentag nach Mühlhausen reisen sollen: Müller, S. 85–87
114 Zit. nach Moser, S. 301

115 Zit. nach Kobuch, S. 130
116 Geier, S. [7]
117 Zit. nach Moser, S. 108
118 Zit. nach Moser, S. 608
119 Vgl. Eberhard Möller: Neue Schütz-Funde in der Ratsschulbibliothek und im Stadtarchiv Zwickau; in: SJb 6 (1984), S. 5–22
120 Müller, S. 80f.
121 Zit. nach Krause-Graumnitz, Bd. I, S. 344
122 Zur Vorgeschichte des «Becker-Psalters» vgl. Brodde, S. 97–99
123 Müller, S. 79f.
124 Müller, S. 80
125 Müller, S. 82f.
126 Müller, S. 83
127 Orpheus ist der Sohn Oeagers (Äager)
128 Martin Opitz: Deutscher Pöematum Anderer Theil, 1628; hier zit. nach Moser, S. 109f.
129 Gregor-Dellin, S. 132
130 Der im nachfolgenden Schreiben erwähnte Christoph von Loß starb 1620
131 Kobuch, S. 136f.
132 Müller, S. 91f.
133 Müller, S. 92
134 Müller, S. 92
135 Zit. nach Moser, S. 608f.
136 Müller, S. 95f.
137 Müller, S. 96
138 Zit. nach Moser, S. 609
139 Leopold, a.a.O., S. 186f.
140 Im Original lateinisch; deutsche Übersetzung nach Krause-Graumnitz, Bd. II, S. 12
141 Krause-Graumnitz, Bd. II, S. 13
142 Michael Praetorius: Syntagma Musicum, Bd. 3. Wolfenbüttel 1619, S. 9
143 Carl von Winterfeld: Johannes Gabrieli und sein Zeitalter. Bd. 2, Berlin 1834, S. 179
144 Müller, S. 89f.
145 Müller, S. 98
146 Brodde, S. 114
147 Gregor-Dellin, S. 169f.
148 Müller, S. 98
149 Müller, S. 98f.
150 Müller, S. 99
151 Müller, S. 99
152 Müller, S. 108–110
153 Müller, S. 109
154 Müller, S. 116
155 Geringfügig verändert übernommen in die «Geistliche Chormusik», dort SWV 388
156 Geier, S. [8]
157 Zit. nach Moser, S. 126
158 Geier, S. [8]
159 Müller, S. 119
160 Gregor-Dellin, S. 199ff.
161 Vgl. Steude (wie Anm. 6)
162 Gregor-Dellin, S. 207
163 Charles Ogier: Ephemerides Sive Iter Danicum, Suecicum, Polonicum, Paris 1636; Jürgen Holst: Triumphus nuptialis danicus, Kopenhagen 1635; Laurentz Schrödder: Ein nützliches Traktätlein vom Lobe Gottes oder auch der herzerfreuenden Musica, o.O. 1639
164 Niels Martin Jensen: Heinrich Schütz und die Ausstattungsstükke bei dem großen Beilager zu Kopenhagen; in Kongreßbericht Kopenhagen 1985, Kopenhagen 1989, S. 64
165 Gregor-Dellin, S. 214
166 Vgl. Rudolf Henning: Zur Textfrage der «Musicalischen Exequien» von Heinrich Schütz; in: Sagittarius 4 (1973), S. 44–56
167 Müller, S. 131
168 Müller, S. 133
169 Müller, S. 133
170 Müller, S. 128
171 Geier, S. [9]
172 Müller, S. 135f.
173 Vgl. zur Vorgeschichte der «Kleinen Geistlichen Konzerte» Brodde, S. 152–154
174 Michael Praetorius: Syntagma Mu-

175 Vgl. Joshua Rifkin: (Artikel) Heinrich Schütz (Life); in: The New Grove Dictionary of Music and Musicians, London 1980, Vol. 17, S. 10
176 Müller, S. 137f.
177 Moser, S. 148
178 Müller, S. 140
179 Müller, S. 141
180 Müller, S. 144
181 Vgl. Kobuch, S. 150f.
182 Müller, S. 146
183 Müller, S. 148–152
184 Vgl. das Kapitel «Hofmusik organisieren» im vorliegenden Band
185 Müller, S. 157
186 Müller, S. 157
187 Müller, S. 157f.
188 Müller, S. 158
189 Müller, S. 159f.
190 Müller, S. 162f.
191 Müller, S. 163
192 Müller, S. 167
193 Müller, S. 180
194 Müller, S. 178
195 Müller, S. 178f.
196 Müller, S. 179
197 Müller, S. 179
198 Müller, S. 180
199 Moser, S. 161
200 Vgl. Carl Dahlhaus: Cribrum Musicum. Der Streit zwischen Scacchi und Siefert; in: ders. u. Walter Wiora (Hg.): Norddeutsche und nordeuropäische Musik, Kassel 1965, S. 108–112
201 Im Original lateinisch, s. Müller, S. 189; deutsche Übersetzung bei Moser, S. 161
202 Müller, S. 192
203 Müller, S. 193
204 Müller, S. 194
205 Müller, S. 195
206 Müller, S. 194
207 Vgl. Rudolf Wustmann: Musikgeschichte Leipzigs. Bd. I, Leipzig und Berlin 1909, S. 470; auch bei Moser, S. 497
208 Vgl. Brodde, S. 200; Wustmann, a.a.O., S. 470 unterstellt sogar eine (mindestens) vierfache Menge ähnlicher Motetten von Schütz
209 Geier, S. [9]
210 Müller, S. 165
211 Müller, S. 168
212 Moser, S. 162
213 Moser, S. 162
214 Moser, S. 162
215 Vgl. insbesondere Moser, S. 161–163
216 Vgl. Müller, S. 227
217 Vgl. Titel nach Moser, S. 511
218 Müller, S. 201
219 Müller, S. 207ff.
220 von Winterfeld, a.a.O., Bd. 2, S. 197f.; zit. u. a. bei Gregor-Dellin, S. 293f.
221 Müller, S. 207–216
222 Müller, S. 213
223 Müller, S. 213
224 Vgl. Abbildung S. 107
225 Müller, S. 215
226 Müller, S. 215
227 Müller, S. 217ff.
228 Müller, S. 238
229 Müller, S. 239
230 Müller, S. 224f.
231 Müller, S. 231
232 Müller, S. 231
233 Müller, S. 248
234 Heinrich Schütz: Auff Herrn Andres Hammerschmieds Chor-Music; in: Andreas Hammerschmieds ChorMusic mit V. und VI. Stimmen Auff Madrigal Manier nebenst dem Basso Continuo. Fünffter Theil Musikalischer Andachten; Leipzig 1653; vgl. Müller, S. 381f. und Abb. S. 112
235 Titel nach Moser, S. 552
236 Müller, S. 286
237 Müller, S. 287
238 Klaus Hofmann: Zwei Abhandlungen zur Weihnachtshistorie

von Heinrich Schütz; in: Musik und Kirche 40 (1971), S. 325–330; 41 (1971), S. 15–20
239 Müller, S. 285
240 Schmidt, a.a.O., S. 207
241 Vgl. Schmidt, a.a.O., S. 207
242 Nach Brodde, S. 263
243 Geier, S. [11]
244 Biblia/ das ist/ die gantze Heilige Schrifft Deudsch Mart. Luth., Wittenberg 1534; hier nach: Wolfram Steude (Hg.): Heinrich Schütz, Der Schwanengesang. Leipzig u. Kassel 1984, S. VIII (Vorwort)
245 Psalter/ Sampt der Außlegung und Verklerung D. Johann Bugenhagen auß Pomern . . ., Nürnberg 1563; hier nach: Steude, a.a.O., S. VIII
246 Steude, a.a.O., S. VIII
247 Gregor-Dellin, S. 372 u. 375
248 Nach Steude, a.a.O., S. VIII
249 Geier, S. [11f.]
250 Im Original lateinisch; deutsche Übersetzung von Gregor-Dellin, S. 385
251 Nach Gregor-Dellin, S. 385
252 Wolfgang Caspar Printz: Historische Beschreibung der Edelen Sing- und Kling-Kunst. Dresden 1690, S. 136
253 Vgl. Moser, S. 201
254 Johann Mattheson: Grundlage einer Ehrenpforte, 1740; Neudruck: Berlin 1910, S. 323
255 Mattheson, a.a.O., S. 18
256 Mattheson, a.a.O., S. 75
257 Phlegeton, der Feuerfluß der Unterwelt, hier synonym für Teufel
258 Zit. nach Moser, S. 611
259 von Winterfeld, a.a.O., Bd. II, S. 168–212
260 Vgl. Brodde, S. 290f.
261 Vgl. Hermann Danuser: Die Musik des 20. Jahrhunderts (= Neues Handbuch der Musikwissenschaft, Bd. 7). Laaber 1984, S. 248ff.
262 Wilibald Gurlitt: Heinrich Schütz. Zum 350. Geburtstag am 8. Oktober 1935; in: Jahrbuch der Musikbibliothek Peters für 1935, S. 83
263 Danuser, a.a.O., S. 253
264 Klaus-Peter Koch: Zur Weiterwirkung des Schützschen Werkes; in: Schütz-Konferenz Gera 1985, Band II, S. 45–63 u. 78

Zeittafel

1585 Heinrich Schütz am 8. Oktober in Köstritz geboren
1590 Übersiedlung nach Weißenfels, wo der Vater Christoph Schütz den Gasthof «Zum goldenen Ring» übernimmt
1598 Landgraf Moritz von Hessen-Kassel übernachtet im Gasthof von Christoph Schütz und bietet für Heinrich eine Erziehung am Kasseler «Mauritianum» an
1599 Aufnahme in das «Mauritianum» in Kassel
1608 Jurastudium in Marburg
1609 Als Stipendiat des Landgrafen Moritz zu Giovanni Gabrieli nach Venedig
1611 Opus 1: *Il primo libro de Madrigali* (SWV 1–19)
1613 Rückkehr nach Kassel, dort 2. Hoforganist
1614 Gastverpflichtung in Dresden. Beginn des Streites um Schütz zwischen Moritz von Hessen und Kurfürst Johann Georg I.
1617 Hofkapellmeister in Dresden. Musik zum Besuch von Kaiser Matthias in Dresden sowie zur Hundertjahrfeier der Reformation
1618 Neuordnung der Magdeburger Dommusik (mit Samuel Scheidt und Michael Praetorius)
1619 Heirat mit Magdalena Wildeck. Opus 2: *Psalmen Davids* (SWV 22–47). Orgelprüfung in Bayreuth (mit Scheidt, Praetorius und Johann Staden)
1621 Geburt der Tochter Anna Justina. *Syncharma musicum* (SWV 49). Zur Huldigungsfeier der schlesischen Stände nach Breslau
1623 Geburt der Tocher Euphrosyne. Opus 3: *Auferstehungshistorie* (SWV 50)
1625 Tod der Ehefrau Magdalena. Opus 4: *Cantiones sacrae* (SWV 53–93)
1627 Oper *Dafne* zur Fürstenhochzeit in Torgau (nur Text von Martin Opitz erhalten). Motette *Da pacem* (SWV 465) für den Kurfürstentag in Mühlhausen
1628 Opus 5: *Beckerscher Psalter I* (SWV 97a–256a). Zweite Italien-Reise
1629 Opus 6: *Symphoniae sacrae I* (SWV 257–276). Rückkehr nach Dresden, dort Kauf eines Hauses
1631 Tod des Vaters Christoph Schütz. Begräbnismotette für Johann Hermann Schein. Beim Fürstentag in Leipzig
1633 Erste Reise nach Kopenhagen, dort Ernennung zum Königlich dänischen Kapellmeister
1634 Musik zur dänischen Fürstenhochzeit: Canzonetta *O der schönen Wundertaten* (SWV 278)
1635 Rückkehr nach Dresden. Tod der Mutter

1636	Opus 7: *Musikalische Exequien* (SWV 279–281) für Heinrich Posthumus Reuß. Opus 8: *Kleine Geistliche Konzerte I*
1637	Tod des Bruders Georg Schütz
1638	Tod der Tochter Anna Justina. Ballett-Oper *Orpheus und Euridice* zur Hochzeit des sächsischen Kurprinzen (verloren)
1639	Reise nach Hannover und Hildesheim (bis 1641?). Opus 9: *Kleine Geistliche Konzerte II*
1642	Zweite Kopenhagen-Reise
1644	Nach Braunschweig und Wolfenbüttel
1645	Rückkehr nach Dresden. Erste Bitte an Johann Georg I. um Pensionierung
1647	Opus 10: *Symphoniae sacrae II* (SWV 341–367). Im Frühjahr in Weimar
1648	Opus 11: *Geistliche Chormusik* (SWV 368–397). Heirat der Tochter Euphrosyne mit Christoph Pincker
1650	Opus 12: *Symphoniae sacrae III* (SWV 398–418). Ballett-Oper *Paris und Helena* (verloren)
1651	Kauf eines Hauses in Weißenfels. Autobiographisches *Memorial* an Johann Georg I. mit Pensionierungsgesuch
1655	Tod der Tochter Euphrosyne
1656	Tod des Kurfürsten Johann Georg I. Gewährung weitgehenden Ruhestandes durch Johann Georg II. Ernennung zum Oberkapellmeister. Übersiedlung nach Weißenfels
1657	*Canticum B. Simeonis* (SWV 432–433) für Johann Georg I. Opus 13: *Zwölf Geistliche Gesänge*
1660	Reise nach Wolfenbüttel
1661	Opus 14: *Beckerscher Psalter II*
1663	Neuordnung der Hofmusik in Zeitz
1664	*Weihnachtshistoria* (SWV 435)
1666	Abschluß der Arbeiten an den *Passionen* nach Lukas (SWV 480), Johannes (SWV 481) und Matthäus (SWV 479)
1671	*Schwanengesang:* 119. Psalm, 100. Psalm und Deutsches Magnificat (SWV 482–494)
1672	Tod der Schwester Justina am 17. Mai. Übersiedlung nach Dresden. Tod am 6. November in Dresden

Zeugnisse

Heinrich Albert
Was für herrliche vnd geistreiche Compositiones aus Italien (welches billich die Mutter der edlen Music zu nennen) zu vns gelangen / sehe ich offtermals mit höchster Verwunderung an; Was imgleichen bey vns Teutschen der hoch berühmte Capellmeister Schütz / der seine hohe Wissenschaft auch dahero / besonders von dem fürtrefflichen Johann Gabrieli geholet / für lebhaffte vnd durchdringende Sachen auffgesetzet / die zum meisten zwar noch nicht im Druck / viel aber derselben von Ihm mir anvertrawet vnd in die Hände gegeben worden / solche machen mich unterweilen so bestürtzt vnd zaghafft, daß ich mich fast nicht mehr überwinden mag, einiges Lied oder Melodey auffzusetzen.
Vorrede zu: Sechster Teil der Arien, 1645

Wolfgang Caspar Printz
Um eben diese Zeit [1630] ist berühmt worden Samuel Scheit / Organist zu Halle in Sachsen / welcher einer von denen dreyen gewesen / derer Nahmen von dem Buchstaben S. anfangen / und die man zu dieser Zeit für die besten drey Componisten in Teutschland gehalten. Diese drey berühmte S. aber seyn gewesen Schütz / Schein / Scheit.
Historische Beschreibung der Edelen Sing- und Kling-Kunst, 1690

Friedrich Chrysander
Es war der schon genannte Heinrich Schütz, welcher für [die] deutsche Musik wirkte wie ein Heiliger für die Kirche; doppelt verdienstlich, da es in dem schrecklichen 30jährigen Kriege geschah. Er zügelte den eignen Geist, daß er nicht unstät wurde noch verzagte; erschöpfte die Kunst und verkündigte sie in erhabenen Werken, die der Unsterblichkeit gewiß sind, obgleich man sie heut zu Tage fast vergessen hat; saß in der Heimath fest, so lange es die Umstände gestatteten, dachte aber auch in der Fremde immer zunächst an das Vaterland und die heimischen Kunstgenossen: ein fester Mann, der sicher stand, als Alles wankte, und durch sechzig Jahre! [...] Musik m u s s e sein, in diesem Satze wenigstens waren alle Kriegsparteien und alle Glaubensgenossen einig. In eine solche Zeit stelle man einen Mann wie Heinrich Schütz, und das Ergebnis ist begreiflich. Überall kümmerliche Verödung, beim Friedensschlusse 1648, einzig und allein in der Musik prangende Gesundheit, reiche Fülle, tagtägliche Vervollkommnung und Aussicht auf eine herrliche Zukunft. Auf diese Weise war es möglich, die nach und nach wieder erstarkenden besseren Kräfte unseres Volkes zunächst um diese

Kunst zu versammeln und an ihr zu weltgeschichtlicher Bedeutung emporzuheben. Wir konnten nun, und zwar durch die Tonkunst, den umwohnenden Nationen wieder beweisen, daß in uns noch Kräfte eines höheren Lebens vorhanden waren.

G. F. Händel, 1858

Philipp Spitta
Die Neigung zur Dichtkunst hat auch seine Compositionen beeinflußt, er ist im höchsten Maße das, was man einen poetischen Musiker nennen kann, und auch unsere Zeit, die sich in Entlehnung poetischer Mittel zu musikalischen Wirkungen gefällt, bietet keine Erscheinung, die Schütz darin überträfe. Dabei beherrscht er doch die musikalische Technik mit größter Meisterschaft, die verwickeltsten Vocalformen sind ihm gleich geläufig wie die einfachsten. Er weiß durch Massen zu wirken; kein deutscher Meister seiner Zeit hat es ihm im großartigen Aufthürmen vocaler und instrumentaler Mittel zuvorgethan. Aber mehr noch als das Imposante, Weitstrahlende ist Innigkeit und Tiefsinn seiner Natur gemäß; die Mittel, durch welche er ihnen Ausdruck gibt, sind neu, kühn und genial, und die durch sie hervorgebrachten Wirkungen werden nie veralten.

Händel, Bach und Schütz, 1885

Eduard Hanslick
Ich würde lieber den ganzen Heinrich Schütz verbrennen sehen als das «Deutsche Requiem» [von Johannes Brahms].

Aus meinem Leben, 1894

Wilibald Gurlitt
In Entscheidung und Kampf gegen das Unwahre und Ungültige im deutschen Musikleben gewinnt die S c h ü t z - P f l e g e, falls ihr Standort und ihre Einsatzbereitschaft nicht verpaßt werden, eine besondere Bedeutung als ein heute gültiges und heute wieder neu lebendiges B e k e n n t n i s zu dem, was wahrhaft deutsch und deutsche Musik ist, zu unserer geschichtlichen Substanz an deutschem Volkstum und christlichem Gottesglauben in Schützens Persönlichkeit und Kunst. Hierbei geht der Wunsch des seines göttlichen Auftrags und seiner deutschen Sendung bewußten Meisters für seine glaubens- und volksverbundenen Werke in Erfüllung, «nach seinem Tod auch Gott, der Welt und seinem guten Namen noch zu dienen».

Heinrich Schütz. Zum 350. Geburtstag, 1935

Alfred Einstein
Es ist nicht bloß Snobismus, wenn Schütz von einigen Sonderlingen tiefer geliebt wird als Bach.

Greatness in Music, 1942

Theodor W. Adorno
Wenn einen Musikwissenschaftler als Musik, und nicht als Weideland zum Dissertieren, Schütz mehr fesselt als Wagner, so bezeugt das zunächst einmal elementare Unkenntnis des kompositorischen Formniveaus.

Kritik des Musikanten, 1955

Hans Heinrich Eggebrecht
Die Kirche mit Schütz hat die Welt im Stich gelassen; Schützpflege übertüncht ein Unvermögen, dem Gnade nicht sein kann; die Präsenz von Schütz bedeutet die Abwesenheit Gottes. Schütz-Feste sind Totfeierungen Gottes.
Schütz und Gottesdienst, 1969

Friedrich Blume
Neben der orthodoxen Strenge, die das hervorstechende Merkmal vieler Kompositionen von Michael Praetorius ist, und neben der vitalen Vielfalt J. S. Bachs mutet uns Heinrich Schütz an wie ein Sendbote aus einer anderen Welt, selbständig, durchdacht, gänzlich unsentimental, von durchgreifender Kraft des Ausdrucks, aber oft (so wenigstens scheint es uns) von distanzierter Kühle. Das Mitreißende seines Werkes macht sich nur dann geltend, wenn Solosänger und Chöre entsprechend angeleitet und zum Verständnis erzogen sind. Andernfalls wirkt die Musik von Schütz wie ein ständiges «understatement». Das ist nur an der Oberfläche so. Wenn man anfängt, sich in seine Welt tiefer einzuarbeiten, dann bekommt man ein Empfinden dafür, daß unter der Oberfläche, kaum versteckt, die kostbaren Kristalle zu finden sind, daß die wortgezeugte musikalische Einkleidung ein sehr persönliches Bekenntnis eines Menschen darstellt, dem «nil humanum alienum est».
Heinrich Schütz nach dreihundert Jahren, 1972

Klaus-Peter Koch
Die Schütz-Aneignung und -Pflege in der DDR knüpft an die progressiven bürgerlichen Traditionen an und zielt darauf, ein marxistisches Schütz-Bild zu entwickeln und das Schütz-Werk zum unveräußerlichen Besitz der sozialistischen Nationalkultur zu machen, bewertet aus den derzeitigen gesellschaftlichen Prozessen und aktualisiert für die heutige sozialistische Gesellschaft, weil in seinem Werk ein weit über seine Zeit hinausweisendes humanistisches Vermächtnis enthalten ist.
Zur Weiterwirkung des Schützschen Werkes, 1985

Werner Braun
Wir werden uns bewußt, daß wir [Schütz als] den Meister deutschsprachiger Festspiele nicht kennen und daß wir darüber hinaus den geistlichen Komponisten einschränken, wenn wir seine Kantoreimanier herausstellen. Dieses Gebrochene und Fragmentarische wiederum als eine ästhetische Qualität zu erkennen, wäre dann der nächste Schritt. Er könnte zu einem neuen Schützbild führen.
Schütz und Monteverdi, 1985

Werkverzeichnis

Gemäß der Aufstellung der Neuen Schütz-Gesellschaft, erarbeitet von Werner Bittinger und ergänzt von Werner Breig, unter zusätzlicher Berücksichtigung der Verzeichnisse von Hans Joachim Moser, Joshua Rifkin und Martin Gregor-Dellin. Mitgeteilt werden: SWV-Nummer(n) – Originaltitel – heutiger Gebrauchstitel – Ort und Zeit der Publikation bzw. der Entstehung.

1. Werke mit Opuszahlen

SWV 1–19 *Il primo libro de Madrigali. Opus Primum.* Italienische Madrigale. Venedig 1611

SWV 22–47 *Psalmen Davids Sampt Etlichen Moteten vnd Concerten. Erster Theil. Opus Secundum.* Psalmen Davids. Dresden 1619

SWV 50 *Historia Der frölichen vnd Siegreichen Aufferstehung vnsers einigen Erlösers vnd Seligmachers Jesu Christi. Opus Tertium.* Auferstehungshistorie. Dresden 1623

SWV 53–93 *Cantiones sacrae. Opus Quartum. Opus Ecclesiasticum Primum.* Cantiones sacrae. Dresden 1625

SWV 97a–256a *Psalmen Davids. Hiebevorn in Teutzsche Reimen gebracht, Durch D. Cornelium Beckern, Vnd an jetzo Mit Ein hundert vnd Drey eigenen Melodeyen in 4 Stimmen gestellet. Opus Quintum.* Beckerscher Psalter I. Dresden 1628 [SWV 97–256; vgl. *Psalmen Davids ... Opus Decimum Quartum*]

SWV 257–276 *Symphoniae Sacrae. Opus Sextum. Opus Ecclesiasticum Secundum.* Symphoniae sacrae I. Venedig 1629

SWV 279–281 *Musicalische Exequien. Opus septimum.* Musikalische Exequien. Dresden 1636

SWV 282–305 *Erster Theil Kleiner Geistlichen Concerten. Opus Octavum.* Kleine Geistliche Konzerte I. Dresden 1636

SWV 306–337 *Anderer Theil Kleiner Geistlichen Concerten. Opus Nonum.* Kleine Geistliche Konzerte II. Dresden 1639

SWV 341–367 *Symphoniarum Sacrarum Secunda Pars. Opus Decimum.* Symphoniae sacrae II. Dresden 1647

SWV 369–397 *Musicalia ad Chorum Sacrum. Das ist: Geistliche Chor-Music. Erster Theil. Opus Undecimum.* Geistliche Chormusik. Dresden 1648

SWV 398–418 *Symphoniarum Sacrarum Tertia Pars. Opus Duodecimum.* Symphoniae sacrae III. Dresden 1650

SWV 420–431 *Zwölff Geistliche Gesänge zum öffentlichen Druck befördert worden Durch Christoph Kitteln. Opus Decimum Tertium.* Zwölf geistliche Gesänge. Dresden 1657

SWV 97–256 *Psalmen Davids. Hiebevor in deutsche Reime gebracht Durch D. Cornelium Beckern. Auffs neue übersehen ... mit so vielen, auf ieglichen Psalm eingerichteten, eigenen Melodeyen vermehret. Opus Decimum Quartum.* Bekkerscher Psalter II. Dresden 1661 [vgl. SWV 97a–256a]

2. Einzeln überlieferte Werke

a) Drucke

SWV 20 *Die Wort Jesus Syrach: Wol dem der ein Tugendsam Weib hat.* Zur Hochzeit von Joseph Avenarius und Dorothea Börlitz am 21. April 1618. Dresden 1618

SWV 21 *Concert mit 11 Stimmen. Auff Des Herrn Michael Thomae Hochzeitlichen EhrenTag.* [Haus und Güter erbet man von Eltern.] Zur Hochzeit von Michael Thoma und Anna Schultze am 15. Juni 1618 in Leipzig. Dresden 1618

SWV 48 *Der 133. Psalm.* [Siehe, wie fein und lieblich ists.] Zur Hochzeit von Georg Schütz und Anna Grosse am 9. Juli 1619 in Leipzig. Dresden 1619

SWV 49 *Syncharma Musicum.* Zur Huldigung der schlesischen Stände vor Johann Georg von Sachsen am 3. November 1621 in Breslau. Zweite Textfassung: *Der 124. Psalm.* Dresden 1621

SWV 51 *Der 116. Psalm.* Um 1619

SWV 52 *Kläglicher Abschied von der Churfürstlichen Grufft zu Freybergk.* [Grimmige Grufft.] Zum Tode der Herzogin Sophie von Sachsen, gest. 7. Dezember 1622. Zwischen 7. Dezember 1622 und 28. Januar 1623

SWV 94 *De Vitae Fugacitate.* [Ich hab mein Sach Gott heimgestellt.] Zum Tode von Anna Maria Wildeck, gest. 15. August 1625. Dresden 1625

SWV 95 *Ultima Verba Psalmi 23.* Zum Tode des Studenten Jacob Schultes, gest. 1625. 1625

SWV 96 *Glück zu dem Helikon.* Vor 1627

SWV 277 *Verba D. Pavli, Ex Epist. Ad Timotheum cap. I, v. 15.* [Das ist je gewißlich wahr.] Zum Tode von Johann Hermann Schein, gest. 19. November (Dezember?) 1630. Dresden 1631

SWV 278 *Canconetta à 4 Soprani Con Sinfonie di duoi Stromenti.* [O der großen Wundertaten.] Kopenhagen 1633/34

SWV 338 *Teutoniam dudum belli atra pericla molestant.* Zur Huldigung der schlesischen Stände vor Johann Georg von Sachsen am 3. November 1621 in Breslau. Geistliche Textfassung: *Adveniunt pascha pleno concelebranda triumpho.* Dresden 1621

SWV 339 *Ich beschwöre euch, ihr Töchter zu Jerusalem.* Um 1638

SWV 340 *O du allersüßester und liebster Herr Jesu.* Vor 1646

SWV 368 *Danck-Lied, Für die hocherwiesene Fürstl. Gnade in Weimar.* [Fürstliche Gnade zu Wasser und Lande.] Weimar, im Februar 1647

SWV 419 *Ein Trauer-Lied von dem Wittwer selbst auffgesetzet.* [O meine Seel, warum bist du betrübet?] Zum Tode von Anna Margarethe Voigt, gest. 21. September 1652. 1652

SWV 432–433 *Canticum B. Simeonis.* Zum Druck gebracht von Wolfgang Seyfferten. Zum Tode des Kurfürsten Johann Georg I. von Sachsen, gest. 8. Oktober 1656. Dresden 1656

SWV 434 *Wie wenn der Adler sich aus seiner Klippe schwingt.* Zur Verlobung von Magdalene Sibylle, Witwe Christians V. von Dänemark, mit Friedrich Wilhelm von Sachsen-Altenburg, 1651. 1651

SWV 435 *Historia der Freuden- und Gnadenreichen Geburth Gottes und Marien Sohnes, Jesu Christi.* Historia von der Geburt Jesu Christi. Dresden, bis 1664 und um 1671. Drei Fassungen: Frühfassung SWV 435a (frühestens 1660 aufgeführt, spätestens 1662), Zweitfassung SWV 435 (bis 1664) und korrigierte «Berliner» Fassung SWV 435b (bis 1671)

SWV 501 *Mit dem Amphion zwar.* Trauermusik zum Tode von Magdalena Schütz, geb. Wildeck. Dresden 1625

b) Handschriften

SWV 436 *Ego autem sum Dominus.* Vor 1638
SWV 437 *Veni, Domine.* Vor 1638
SWV 438 *Die Erde trinkt für sich.* Um 1624
SWV 439 *Heute ist Christus der Herr geboren.* Entstehungszeit unbekannt
SWV 440 *Güldne Haare, gleich Aurore.* Entstehungszeit unbekannt
SWV 441 *Liebster, sagt in süßem Schmerzen.* Nicht vor dem 31. Dezember 1626
SWV 442 *Tugend ist der beste Freund.* Etwa zwischen 1620 und 1629
SWV 443 *Dialogo Per la Pascua.* [Weib, was weinest du?] Um 1624. (Frühfassung: 443a)
SWV 444 *Es gingen zweene Menschen hinauf.* Um 1630
SWV 445 *Ach bleib mit deiner Gnade.* Entstehungszeit unbekannt
SWV 446 *In dich hab ich gehoffet, Herr.* Entstehungszeit unbekannt
SWV 447 *Erbarm dich mein, o Herre Gott.* Ca. 1613/14
SWV 448 *Gesang der drei Männer im feurigen Ofen.* Vor März 1652
SWV 449 *Psalmus 8. Herr Vnser Herrscher.* Vor 1625
SWV 450 *Ach Herr, du Schöpfer aller Ding.* Ca. 1613. Frühfassung SWV 450a
SWV 451 *Nachdem ich lag in meinem öden Bette.* Nicht vor 1626
SWV 452 *Läßt Salomon sein Bette nicht umgeben.* Nicht vor 1626
SWV 453 *Freue dich des Weibes deiner Jugend.* Um 1626
SWV 454 *Nun laßt uns Gott, dem Herren.* Entstehungszeit unbekannt
SWV 455 *Psalmus 19.* Vor 1638
SWV 456 *Hodie Christus natus est.* Um 1610?
SWV 457 *Ich weiß, daß mein Erlöser lebt.* Vor 1628
SWV 458 *Litania.* [Kyrie eleison. Christe eleison. Kyrie eleison.] Entstehungszeit unbekannt
SWV 459 *Saget den Gästen.* Um 1620
SWV 460 *Itzt blicken durch des Himmels Saal.* Um 1629
SWV 461 *Der 85. Psalm.* Entstehungszeit unbekannt
SWV 462 *Psalmus 7.* Entstehungszeit unbekannt
SWV 463 *Cantate Domino canticum novum.* Entstehungszeit unbekannt
SWV 464 *Ich bin die Auferstehung und das Leben.* Vor 1620

SWV 465 *Da pacem, Domine, in diebus nostris.* Komponiert für den Kurfürstenkollegtag, 4. Oktober bis 5. November 1627 in Mühlhausen. Vor dem 4. Oktober 1627
SWV 466 *Psalmus 15.* Vor 1638
SWV 467 *Wo Gott der Herr nicht bei uns hält.* Ca. 1613. (Variante: 467a)
SWV 468 *Magnificat.* Entstehungszeit unbekannt
SWV 469 *Surrexit pastor bonus.* Um 1620
SWV 470 *Christ ist erstanden von der Marter alle.* Um 1615
SWV 471 *O bone Jesu, fili Mariae.* Entstehungszeit unbekannt
SWV 472 *Herr Gott, dich loben wir.* Dresden, vor 1668?
SWV 473 *Psalmus 127.* Vor 1638
SWV 474 *Ach wie soll ich doch in Freuden leben.* Vor 1609
SWV 475 *Veni, sancte Spiritus.* Ca. 1614
SWV 476 *Psalmus 24.* Um 1630
SWV 477 *Vater Abraham, erbarme dich mein.* Zwischen 1620 und 1630
SWV 478 *Die Sieben Wortte unsers lieben Erlösers und Seeligmachers Jesu Christi.* Die sieben Worte. Zwischen 1645 und 1655
SWV 479 *Historia des Leidens und Sterbens unsers Herrn und Heylandes Jesu Christi nach dem Evangelisten S. Matheus.* Matthäus-Passion. 1666
SWV 480 *Historia des Leidens und Sterbens unsers Herrn und Heylandes Jesu Christi nach dem Evangelisten St. Lucas.* Lukas-Passion. Bis spätestens 1664, um 1653?
SWV 481 *Historia des Leidens und Sterbens unsers Herrn und Heylandes Jesu Christi nach dem Evangelisten St. Johannes.* Johannes-Passion II. Um 1666. Frühfassung 481a: *Historia Deß Leidens vnd Sterbens Vnsers Herrens Jesu Christi aus dem Evangelisten S. Johanne.* Johannes-Passion I. Weißenfels 1665
SWV 482–494 *Königs und Propheten Davids Hundert und Neunzehender Psalm in Eilf Stükken Nebenst dem Anhange des 100. Psalms: Jauchzet dem Herrn! und Eines deutschen Magnificats: Meine Seele erhöbt den Herrn.* Schwanengesang. Kurfürst Johann Georg II. von Sachsen gewidmet. Dresden 1671. (Frühfassung: 494a)
SWV 495 *Unser Herr Jesus Christus in der Nacht, da er verraten ward.* Vor 1657
SWV 496 *Esaia, dem Propheten, das geschah.* Entstehungszeit unbekannt
SWV 497 *Ein Kind ist uns geboren.* Um 1613?
SWV 498 *Stehe auf, meine Freundin.* Um 1620?
SWV 499 *Tulerunt Dominum.* Entstehungszeit unbekannt
SWV 500 *An den Wassern zu Babel.* Zwischen 1619 und 1629

3. Zweifelhafte Werke

SWV Anh. 1 *Vier Hirtinnen, gleich jung, gleich schön.* Vor 1616
SWV Anh. 2 *Ach Herr, du Sohn Davids.* Vor 1658
SWV Anh. 3 *Der Gott Abraham.* Zwischen 1630 und 1650
SWV Anh. 4 *Stehe auf, meine Freundin.* Entstehungszeit unbekannt
SWV Anh. 5 *Benedicam Dominum in omni tempore.* Zwischen 1630 und 1650
SWV Anh. 6 *Freuet euch mit mir.* Zwischen 1630 und 1650
SWV Anh. 7 *Herr, höre mein Wort.* Entstehungszeit unbekannt

SWV Anh. 8   *Machet die Tore weit.* Vor 1625
SWV Anh. 9   *Sumite psalmum.* Zwischen 1630 und 1650
SWV Anh. 10   *Dominus illuminatio meo.* Zwischen 1630 und 1650
SWV Anh. 11   *Es erhub sich ein Streit im Himmel.* Um 1620

4. Bislang ohne Nummern im Schütz-Werke-Verzeichnis

a) *Historia des Leidens und Sterbens unsers Herrn und Heylandes Jesu Christi nach dem Evangelisten St. Marcus.* Markus-Passion. Nicht von Schütz. Marco Peranda zugeschrieben von Wolfram Steude. Wahrscheinlich 1668
b) *Zeuchst du nun von hinnen.* Um 1627
c) *Frewden-Lied.* [Wo seid ihr so lang geblieben?] Kurz vor dem 10. Dezember 1646
d) *Deus, in nomine tuo.* Entstehungszeit unbekannt
e) *[Der Kampf zwischen Tancredi und Clorinda.]* Verdeutschung von Claudio Monteverdis «Combattimento di Tancredi e Clorinda». Nach 1624
f) *Kyrie eleison.* Litanei. Vor 1663
g) *Domine Deus, Deus virtutum.* Vor 1663
h) *Intrada Apollinis.* Um 1617
i) *O höchster Gott, o unser lieber Herre.* Wahrscheinlich zwischen 1613 und 1616
k) *Jesu dulcissime.* Wahrscheinlich zwischen 1620 und 1625
l) *Secunda pars historiae Salutiferae Resurrectionis Domini nostri Jesu Christi.* Zweiter Teil einer Bearbeitung der Auferstehungshistorie: «Entsetzt euch nicht». Nach 1623
m) *Tertia pars historiae Salutiferae Resurrectionis Domini nostri Jesu Christi.* Dritter Teil einer Bearbeitung der Auferstehungshistorie: «Friede sei mit euch». Nach 1623
n) *Wer wird, Herr, in den Hütten dein.* Vor 1628. (vgl. SWV 111)
o) *Ein feste Burg ist unser Gott.* Entstehungszeit unbekannt

5. Verzeichnis verschollener Werke

1 Ach, Herr, du Sohn Davids
2 Ach Herr, strafe mich nicht. 1638
3 Ach Herr, wie ist meiner Feinde so viel
4 Ach Liebste, laß uns eilen
5 Allein Gott in der Höh sei Ehr. Zwischen 1663 und 1665(?)
6 Alleluja. Lobet den Herrn in seinem Heiligtum. Neujahr 1667. Neufassung 1668
7 Allelujah lobet ihn in seinem Heiligtum
8 Anima mea liquefacta est
9 Aquae tuae, Domine. 1662
10 Audite coeli. Vor 1632
11 Auferstehungshistorie. Erster Teil einer Bearbeitung
12 Auf, auf meine Harfe
13 Auf dich, Herr, traue ich. Vor 1658

14 Ballett-Oper ohne Titel; über Orpheus und die Wiedergeburt der Liebe. Vermutlich 1629. Aufgeführt 1639 in Kopenhagen
15 Benedicite omnia opera Domini
16 Bleib bei uns
17 Canite, psallite, plaudite
18 Christ lag in Todesbanden
19 Confitebor tibi
20 Danket dem Herren, denn er ist freundlich. Vor 1671
21 Dafne. 1627
22 Das ander Maria
23 Der Herr ist mein Hirt
24 Der Herr ist mein Hirt. Vor 1657
25 Der Herr sprach zu meinem Herren
26 Der Kuckuck hat sich zum Tode
27 Der triumphierende Amor. 1652
28 Der Wind beeist das Land
29 Die ihr den Herren fürchtet
30 Die sieben Planeten. 1647
31 Dies ist der Tag des Herrn
32 Dies Ort, mit Bäumen ganz umgeben
33 Die unsterblichen Götter all. 1617
34 Die vier Jahreszeiten. 1647
35 Distel und Dorn stechen sehr
36 Domine, exaudi orationem meam
37 Dorinda
38 Du bist aller Dinge Schöne
39 Du hast mir mein Herz genommen
40 Ego dormio
41 Ein feste Burg ist unser Gott. 1617
42 Ein Kindelein so lobelich
43 Ein Kind ist uns geboren
44 Ein wunder Löwe
45 Einsmals der Hirte Corydon
46 Einsmals in einem schönen Tal
47 Erhöre mich, wenn ich rufe
48 Es gingen zween Menschen hinauf
49 Es ist erschienen
50 Es ist Zeit, die Stund ist da
51 Es sei denn eure Gerechtigkeit
52 Es stehe Gott auf
53 Factum est praelium magnum
54 Geht meine Seufzer hören
55 Gelobet sei der Herr
56 Glückwünschung. 1648
57 Glückwündschung des Apollinis und der Neun Musen. 1621
58 Gott, man lobet dich in der Stille
59 Herr, komm herab
60 Herr, warum trittst du so ferne

61 Himmel und Erde vergehn
62 Ich freue mich des
63 Ich traue auf den Herrn
64 Instrumentalmusik zu einer Tragoedia von den Tugenden und Lastern. 1634
65 Jägerlied. 1634
66 Jauchzet dem Herrn. 1662
67 Jauchzet dem Herrn
68 Jauchzet, jauchzet
69 Jesus Christus, unser Heiland
70 Jesus trat in ein Schiff
71 Johannes der Täufer. 1647
72 Kyrie
73 Kyrie eleison (Deutsche Litanei)
74 Kyrie Gott Vater in Ewigkeit
75 Lobsinget, ihr Männer von Galilaea
76 Lobsinget Gott
77 Machet die Tore weit
78 Magnificat
79 Magnificat
80 Maria, sei gegrüßt
81 Mein Freund, ich tu dir nicht unrecht
82 Mein Freund komme
83 Meister, wir haben die ganze Nacht
84 Misericordias Domini
85 Musik zu einem Ballett von Alexander von Kükelsom. 1634
86 Neptun und die Elbnymphen. 1617
87 O du allersüßester Herr Jesu
88 Orpheus und Euridice. 1638
89 Paris und Helena. 1650
90 Preise, Jerusalem, den Herrn
91 Renuntiate Johanni, quae audistis. 1665
92 Saget den Gästen
93 Sag, o Sonne meiner Seelen
94 Schauspielmusik zu einer Komödie mit Cupido von Johannes Lauremberg. 1634
95 Schauspielmusik zu einem Schäfer- und Hirtenspiel von Johannes Lauremberg. 1634
96 Siehe, wie fein und lieblich ist
97 Singet dem Herrn ein neues Lied
98 So bist du nun, mein Lieb
99 Täglich geht die Sonne unter
100 Theatralische neue Vorstellung von der Maria Magdalena. I. Endschallende Reime. 1644
101 Theatralische neue Vorstellung von der Maria Magdalena. II. Gegentritt. 1644
102 Tröste uns Gott
103 Unser Leben währet siebzig Jahr
104 Venus, du und dein Kind

105 Von der Liebe Macht: Göttin, die vor tausend Jahren. 1634
106 Wenn der Herr die Gefangenen Zions
107 Wenn dich, o Sylvia
108 Wer ist, der so von Eden kömmt
109 Wer sich dünken läßt
110 Wer unter dem Schirm des Höchsten
111 Wie ein Rubin
112 Wunderlich Translocation des weitberümbten und fürtrefflichen Berges Parnassi. 1617
113 Zwei wunderschöne Täublein zart. 10. Februar 1624

Bibliographie

1. Bibliographien, Hilfsmittel

a) Werke

Schütz-Werke-Verzeichnis (SWV). Kleine Ausgabe. Im Auftrag der Neuen Schütz-Gesellschaft hg. von Werner Bittinger. Kassel 1960
Breig, Werner: Schützfunde und -zuschreibungen seit 1960. Auf dem Wege zur Großen Ausgabe des Schütz-Werke-Verzeichnisses. In: Schütz-Jahrbuch 1 (1979), S. 63–92
Miller, D. Douglas, und Anne L. Highsmith: Heinrich Schütz. A Bibliography of the Collected Works and Performing Editions. London 1986

b) Literatur

Brunner, Renate: Bibliographie des Schütz-Schrifttums 1951–1975. In: Schütz-Jahrbuch 1 (1979). S. 93–142
– Bibliographie des Schütz-Schrifttums 1926–1950. In: Schütz-Jahrbuch 3 (1981), S. 64–81
–: Bibliographie des Schütz-Schrifttums 1672–1925. In: Schütz-Jahrbuch 6 (1984), S. 102–126
–: Bibliographie des Schütz-Schrifttums 1976–1985. In: Schütz-Jahrbuch 11 (1989), S. 104–129
–: Bibliographie des Schütz-Schrifttums 1986–1995. In: Schütz-Jahrbuch 23 (2001), S. 123–149
Skei, Allen B.: Heinrich Schütz. A Guide to Research. New York 1991 (= Garland Composer Resource Manuals)

c) Schallaufnahmen

Blum, Klaus, und Martin Elste: Internationale Heinrich-Schütz-Diskographie 1928–1972. Bremen 1972

2. Werkausgaben

Sämtliche Werke. Hg. von Philipp Spitta, Bd. 1–16, Leipzig 1885–1894; Bd. 17 (Supplement I), hg. von Arnold Schering, Leipzig 1909; Bd. 18 (Supplement II), hg. von Heinrich Spitta. Leipzig 1927

Neue Ausgabe sämtlicher Werke (NSA). Hg. im Auftrag der Internationalen Heinrich-Schütz-Gesellschaft. Kassel, seit 1955

Sämtliche Werke nach den Quellen neu hg. von Günter Graulich. Stuttgarter Schütz-Ausgabe (SSA). Neuhausen–Stuttgart, seit 1971

3. Briefe und Lebenszeugnisse

Berke, Dietrich, u. a.: Heinrich Schütz. Texte, Bilder, Dokumente. Kassel 1985

Geier, Martin: Die köstlichste Arbeit ..., darin: Kurtze Beschreibung Des (Tit.) Herrn Heinrich Schützens Chur-Fürstl. Sächs. ältern Capellmeisters geführten müheseeligen Lebens-Lauff. Dresden 1672. Reprint Kassel 1935 u. 1972

Heinrich Schütz und seine Zeit in Bildern. Zusammengestellt und erläutert von Richard Petzold, mit einer Einführung von Dietrich Berke. Leipzig und Kassel 1972

Kobuch, Agatha: Neue Aspekte zur Biographie von Heinrich Schütz und der Geschichte der Dresdner Hofkapelle. In: Wolfram Steude (Hg.), Heinrich Schütz im Spannungsfeld seines und unseres Jahrhunderts. Bericht über die Internationale Wissenschaftliche Konferenz am 8. und 9. Oktober 1985 in Dresden im Rahmen der Bach-Händel-Schütz-Ehrung der Deutschen Demokratischen Republik 1985. Teil 1, Leipzig 1987, S. 55–86

–: Neue Sagittariana im Staatsarchiv Dresden. In: Wolfram Steude (Hg.), Heinrich Schütz im Spannungsfeld ... Teil 2, Leipzig 1988, S. 119–162

Müller, Erich H. (Hg.): Heinrich Schütz. Gesammelte Briefe und Schriften. Regensburg 1931

Fechner, Manfred, und Konstanze Kremtz (Hg.): Heinrich Schütz: Briefe und Texte. Beeskow 2005 ff.

4. Gesamtdarstellungen

Brodde, Otto: Heinrich Schütz. Weg und Werk. Kassel 1972. ²1979

Eggebrecht, Hans Heinrich: Heinrich Schütz. Musicus poeticus. Göttingen 1959; erw. Neuausgabe Wilhelmshaven 1984

Eppstein, Hans: Heinrich Schütz. Neuhausen–Stuttgart 1975

Gregor-Dellin, Martin: Heinrich Schütz. Sein Leben, sein Werk, seine Zeit. München 1984

Heinemann, Michael: Heinrich Schütz und seine Zeit. Laaber 1993

Köhler, Siegfried: Heinrich Schütz. Anmerkungen zu Leben und Werk. Leipzig 1985

Krause-Graumnitz, Heinz: Heinrich Schütz. Sein Leben im Werk und den Dokumenten seiner Zeit. 2 Bde., Leipzig 1985 u. 1988

Moser, Hans Joachim: Heinrich Schütz. Sein Leben und Werk. Kassel 1936, ²1954

Müller, Erich H.: Heinrich Schütz. Leipzig 1925

Pirro, André: Heinrich Schütz. Paris 1913. Reprint Paris 1975

5. Aufsatzsammlungen und Periodika

Sagittarius. Beiträge zur Erforschung und Praxis alter und neuer Kirchenmusik. Hg. von der Internationalen Heinrich-Schütz-Gesellschaft. 4 Bde., Kassel 1966, 1969, 1970 u.1973

Schütz-Jahrbuch. Im Auftrag der Internationalen Heinrich-Schütz-Gesellschaft hg. von Werner Breig u. a., Kassel seit 1979

Acta Sagittariana. Mitteilungen der Internationalen Heinrich-Schütz-Gesellschaft. Kassel seit 1962

Programmhefte der Deutschen, später der Internationalen Heinrich-Schütz-Feste. Kassel seit 1929

Blankenburg, Walter (Hg.): Heinrich Schütz in seiner Zeit. Darmstadt 1985 (= Wege der Forschung, Bd. 614)

Jensen, Anne Ørbaek, und Ole Kongsted (Hg.): Heinrich Schütz und die Musik in Dänemark zur Zeit Christians IV. Bericht über die wissenschaftliche Konferenz in Kopenhagen, 10.–14. November 1985. Kopenhagen 1989

Köhler, Siegfried (Hg.): Heinrich Schütz und seine Zeit. Bericht über die wissenschaftliche Konferenz des Komitees für die Heinrich-Schütz-Festtage der DDR 1972. Berlin 1974

Steude, Wolfram (Hg.): Heinrich Schütz im Spannungsfeld seines und unseres Jahrhunderts. Bericht über die Internationale Wissenschaftliche Konferenz am 8. und 9. Oktober 1985 in Dresden im Rahmen der Bach-Händel-Schütz-Ehrung der Deutschen Demokratischen Republik 1985. 2 Bde., Leipzig 1987 u. 1988 (= Jahrbuch Peters 8., 9./10. Jg., 1985, 1986/87)

6. Untersuchungen zu einzelnen Werken und Lebensabschnitten

a) Allgemeines

Becker-Glauch, Irmgard: Die Bedeutung der Musik für die Dresdner Hoffeste bis in die Zeit August des Starken. Kassel 1951

Braun, Werner: Die Musik des 17. Jahrhunderts. Laaber 1981 (= Neues Handbuch der Musikwissenschaft Bd. 4)

Dahlhaus, Carl: Seconda pratica und Figurenlehre. In: Ludwig Finscher (Hg.), Claudio Monteverdi. Festschrift Reinhold Hammerstein zum 70. Geburtstag. Laaber 1986, S. 141–150

Dammann, Rolf: Der Musikbegriff im deutschen Barock. Köln 1967, Laaber ²1984

Fürstenau, Moritz: Zur Geschichte der Musik und des Theaters am Hofe zu Dresden. 2 Bde., Dresden 1861/62, Reprint Leipzig 1971

Leopold, Silke: Claudio Monteverdi und seine Zeit. Laaber 1982

Metzger, Heinz-Klaus, und Rainer Riehn (Hg.): Claudio Monteverdi. Vom Madrigal zur Monodie. München 1994 (= Musik-Konzepte 83/84)

–: Giovanni Gabrieli – Quantus vir. München 1999 (= Musik-Konzepte 105)

Müller-Blattau, Joseph Maria: Die Kompositionslehre Heinrich Schützens in der Fassung seines Schülers Christoph Bernhard. Leipzig 1926, Kassel ²1963

Steude, Wolfram: Annäherung durch Distanz. Texte zur älteren mitteldeutschen Musik und Musikgeschichte. Hg. von Matthias Herrmann. Altenburg 2001

b) zu Heinrich Schütz
(Beiträge der Schütz-Jahrbücher und Sammelbände hier nicht mehr aufgeführt)

Broszinski, Hartmut: Schütz als Schüler in Kassel. In: Dietrich Berke u. a., Heinrich Schütz. Texte, Bilder, Dokumente. Kassel 1985, S. 35–62

Eggebrecht, Hans Heinrich: Ordnung und Ausdruck im Werk von Heinrich Schütz. Kassel 1961

Eichhorn, Holger: Venezianer Lehren. Heinrich Schütz und Giovanni Gabrieli. In: Michael Heinemann (Hg.), Dresden–Venedig. Stationen einer musikgeschichtlichen Beziehung. Dresden 2004, S. 7–25

Heinemann, Michael: Musiktheater nach italienischem Vorbild. Schütz und die Dresdner Festkultur im 17. Jahrhundert. In: Ders. (Hg.), Dresden–Venedig. Stationen einer musikgeschichtlichen Beziehung. Dresden 2004, S. 26–47

Jung, Hans Rudolf: Ein wiederaufgefundenes Gutachten von Heinrich Schütz aus dem Jahre 1617. In: Archiv für Musikwissenschaft 18 (1961), S. 241–247

Osthoff, Wolfgang: Monteverdis Combattimento in deutscher Sprache und Heinrich Schütz. In: Lothar Hoffmann-Erbrecht und Helmut Hucke (Hg.), Festschrift Helmuth Osthoff zum 65. Geburtstag. Tutzing 1961, S. 195–227

Schmalzriedt, Siegfried: Heinrich Schütz und andere zeitgenössische Musiker in der Lehre Giovanni Gabrielis. Neuhausen–Stuttgart 1972

Steude, Wolfram: Heinrich Schütz und die erste deutsche Oper. In: Frank Heidlberger, Wolfgang Osthoff u. Reinhard Wiesend (Hg.), Von Isaac bis Bach. Studien zur älteren deutschen Musikgeschichte. Festschrift Martin Just zum 60. Geburtstag. Kassel 1991, S. 169–179

Volckmar-Waschk, Heide: Die «Cantiones sacrae» von Heinrich Schütz. Entstehung, Texte, Analysen. Kassel 2001

7. Wirkungsgeschichte

Adorno, Theodor W.: Kritik des Musikanten. In: Ders., Dissonanzen. Musik in der verwalteten Welt. Göttingen ^{6}1982, S. 62–101

Eggebrecht, Hans Heinrich: Schütz und Gottesdienst. Versuch über das Selbstverständliche. Murrhardt 1969, ^{2}1984

Internet-Adressen

www.heinrichschuetz.com
www.schuetzhaus-weissenfels.de
www.schuetzgesellschaft.de

Namenregister

Die kursiv gesetzten Zahlen bezeichnen die Abbildungen

Albrici, Vincenzo 122
Amati, Girolamo 72
Artusi, Giovanni Maria 22
Avenarius, Dorothea, geb. Böritz 46
Avenarius, Joseph 46

Bach, Johann Sebastian 19, 22, 126
Becker, Cornelius 62, 64
Beethoven, Ludwig van 22
Berg, Gimel 48
Bernhard von Clairvaux 51
Bernhard, Christoph 35, 110, 122
Bernsdorff-Engelbrecht, Christiane 129
Bittinger, Werner 130
Blume, Friedrich 128
Bontempi (= Angelini), Giovanni Andrea 106, 108, 122
Borchgrevinck, Melchior 76
Brahms, Johannes 103, 125
Brodde, Otto 72
Buchner, August 89
Bugenhagen, Johannes 48, 115
Burkhard, Willy 128
Buxtehude, Dietrich 128

Castelli, Francesco 73
Christian IV., König von Dänemark 74, 76, 78, 88, 90, 91, 94, *94*
Christian, Kronprinz von Dänemark 75
Christian, Herzog von Sachsen-Merseburg 102
Christiana, Prinzessin von Holstein-Glücksburg 102
Chrysander, Friedrich 126

Conrad, David 35
Cornet, Christoph 15, 19, 28

Dedekind, Constantin Christian 111
Demantius, Christoph 57
Dietrich, Sixtus 15
Distler, Hugo 128, *129*
Dressler, Gallus 15

Eccard, Johannes 124
Eggebrecht, Hans Heinrich 129
Eggenberg, Johann Ulrich Fürst von 30, 52, *53*
Eleonora Dorothea, Herzogin von Sachsen-Weimar 99
Engel, Hans 128
Eppstein, Hans 8
Erdmuthe Sophia, Prinzessin von Sachsen 110
Ernst Christian, Markgraf von Brandenburg-Bayreuth 110

Farina, Carlo 57, 73
Fechner, Manfred 130
Ferdinand II., Kaiser 30, 47, 52
Fétis, François Joseph 125
Fleming, Paul 74, 75
Förster, Caspar 97
Förster, Kaspar d. J. 123
Fontana, Agostino 100, 101
Fortner, Wolfgang 129
Franck, Melchior 57, 84
Frederik, Prinz von Dänemark 90
Friedrich Wilhelm, Herzog von Sachsen-Altenburg 102
Fürstenau, Moritz 126

155

Gabrieli, Andrea 98
Gabrieli, Giovanni 14, 15, 18, 19, 21, 22, 26, 27, 28, 37, 38, 69, 76, 117, 124
Geier, Martin 7, 8, 11, 15, 33, 41, 121, *121*
Geller, Ernst 102, 109
Georg, Herzog von Hannover-Calenberg 90
Georg II., Landgraf von Hessen-Darmstadt 55
Georgiades, Thrasybulos 129
Gesualdo da Venosa, Don Carlo 21, 23
Goudimel, Claude 62
Grandi, Alessandro 69, 72
Grass, Günter 8
Graulich, Günter 130
Gregor-Dellin, Martin 17, 72
Großmann, Burckhart 57
Grünschneider, Tobias 72, 73
Guarini, Giovan Battista 23, 24, 52
Gudewill, Kurt 130
Gurlitt, Wilibald 128
Gustav II. Adolf, König von Schweden 11

Händel, Georg Friedrich 126
Hammerich, Angul 126
Hammerschmidt, Andreas 111
Haßler, Hans Leo 14, 15
Haydn, Joseph 22
Hedwig, Prinzessin von Holstein-Glücksburg 102
Heinrich II. Postumus, Graf zu Reuß 29, 66, 78, 80, *79*
Hempel, Georg 73
Hoe von Hoenegg, Matthias 34, 35, 60, 61
Hoffkuntz, Johann Georg 93, 100, 101
Hoffmann, Ernst Theodor Amadeus 124
Hofmann, Klaus 113
Huch, Ricarda 30

Jeep, Johann 16
Jensen, Niels Martin 76
Johann Georg I., Kurfürst von Sachsen 7, 30, 32, 37, 41, 42, 47, 52, 53, 66, 67, 72, 73, 75, 88, 90, 91, 93, 102, 103, 104, 108, 109, 120, *31*
Johann Georg II., Kurfürst von Sachsen 72, 88, 109, 110, 114, 120, *111*

Kaiser, Georg 108
Kallmeyer, Georg 128
Kittel, Caspar 72, 73, 93, 101, 110
Kittel, Christoph 110
Klemm, Johann 30
Köhler, Siegfried 129
Kolewaldt, Johann 14
Krause-Graumnitz, Heinz 28

Lasso, Orlando di 15
Lippe, Bernard zur 14
Lobwasser, Ambrosius 62
Loß, Christoph von 66
Ludwig, Friedrich 128
Luther, Martin 62, 110, 115
Luzzaschi, Luzzasco 21

Magdalena Sibylla von Brandenburg 88
Magdalene Sibylle, Prinzessin von Sachsen 75, 102
Mahrenholz, Christhard 128
Mann, Golo 14, 16
Marenzio, Luca 21
Marino, Giambattista 23, 52
Mattheson, Johann 121, 122, 123
Matthias, Kaiser 30, 33
Mendelssohn, Arnold 125, *125*
Mendelssohn Bartholdy, Felix 125
Merulo, Claudio 19
Michael, Rogier 40
Michaelis, Otto 128
Montbuysson, Victor 41
Monteverdi, Claudio 21, 23, 24, 38, 39, 59, 67, 69, 95, 96, 117, *68*
Moritz, Landgraf von Hessen 7, 11, 14, 15, 18, 19, 24, 27, 30, 32, 40, 41, 42, 80, *11*
Moritz Wilhelm, Herzog von Sachsen-Zeitz 102
Moser, Hans Joachim 17, 96, 128
Müller von Asow, Erich Hermann 126
Musculus, Andreas 51

Nauwach, Johann 30, 57

Opitz, Martin 54, 55, 56, 65, *55*
Otto, Georg 14, 40, 41

Pallavicino, Carlo 122
Pepping, Ernst 128
Peranda, Marco Giuseppe 122
Peri, Jacopo 56
Petrarca, Francesco 21, 52
Pierluigi da Palestrina, Giovanni 15
Pirro, André 126
Praetorius, Jacob 76
Praetorius, Michael 14, 15, 29, 30, 39, 57, 69, 84, 128, *40*
Printz, Wolfgang Caspar 120

Raphael, Günter 128
Reda, Siegfried 128
Rembrandt Harmensz. van Rijn 76
Riedel, Karl 125
Rinuccini, Ottavio 56
Rolland, Romain 126

Scacchi, Marco 96, 97
Scandello, Antonio 48, 49, 51
Scheidemann, Heinrich 76
Scheidt, Samuel 29, 84, 128
Schein, Johann Hermann 57, 73, 84
Schelble, Johann Nepomuk 125
Schering, Arnold 126
Schirmer, David 60, 67, 68, 102
Schmidt, Eberhard 129
Schottelius, Justus Georg 91
Schultes, Jacob 62
Schütz, Anna Justina 60, 80, 88, 117
Schütz, Christoph (Vater) 8, 11, 74
Schütz, Euphrosyne, geb. Bieger (Mutter) 8
Schütz, Euphrosyne (Tochter) 60, 99
Schütz, Georg 16, 46, 80, 88
Schütz, Heinrich (Vetter) 16, 128
Schütz, Magdalena, geb. Wildeck 41, 60, 62
Schütz, Valerius 80
Sehested, Hannibal 91
Sibylla Maria, Prinzessin zu Sachsen 91

Siefert, Paul 96, 97
Sophia Hedwig, Prinzessin von Holstein-Glücksburg 102
Sophie, Herzogin von Sachsen 53
Sophie Eleonore, Kurprinzessin von Sachsen 55
Sophie Elisabeth von Mecklenburg, Herzogin von Braunschweig-Wolfenbüttel 91, *93*
Spetner, Christoph 106
Spitta, Heinrich 126
Spitta, Philipp 24, 126, *127*
Staden, Johann 29, 84
Steude, Wolfram 115, 130
Stolle, Philipp 91
Strungk, Delphin 91
Sweelinck, Jan Pieterszoon 76

Tax, Augustus 91
Thibaut, Anton Friedrich Justus 124
Thielitz, Siegfried 8
Thoma, Michael 46, 62
Thomas, Kurt 128

Ulfeldt, Ebbe 91

Viadana, Ludovico 84
Vötterle, Karl 128

Wallenstein, Albrecht Wenzel Eusebius von 8, 14
Walter, Johann 15
Walther, Johann Gottfried 121
Weckmann, Matthias 88, 91
Weiße, Georg 15, 27, 37, 123
Werner, Arno 126
Werner, Friedrich 91
Wildeck, Anna Maria 62
Wildeck, Christian 42, 74
Wilhelm IV., Herzog von Sachsen-Weimar 99
Willaert, Adrian 19
Winterfeld, Carl von 70, 72, 103, 124, *124*

Zarlino, Gioseffo 21, 22
Ziegler, Caspar 25, 26, *26*

Über den Autor

Michael Heinemann, geboren 1959 in Bergisch Gladbach. Studium von Kirchenmusik, Musikpädagogik und Orgel in Köln, von Musikwissenschaft, Philosophie und Kunstgeschichte in Köln, Bonn und Berlin. Dr. phil. 1991, Habilitation 1997. Seit 2000 Professor für Musikwissenschaft an der Hochschule für Musik «Carl Maria von Weber» Dresden. Zahlreiche Bücher und Editionen zur Musikgeschichte des 16.–20. Jahrhunderts, mehr als 100 Aufsätze in Sammelbänden und Fachzeitschriften. Lebt in Radebeul.

In der Reihe rowohlts monographien erschien 2004 der Band «Georg Friedrich Händel» (50648).

Quellennachweis der Abbildungen

Städtisches Museum Zwickau: 2 (Foto Peter Ullmann)
Bildarchiv Preußischer Kulturbesitz, Berlin: 6, 36/37, 92 (Staatsbibliothek), 100, 107, 111
Staatsbibliothek zu Berlin – Preußischer Kulturbesitz: Musikabteilung mit Mendelssohn-Archiv: 9, 42 (Erzbischöfliche Zentralbibliothek, Regensburg); Kartenabteilung: 16, 32/33
Aus: Dietrich Berke, Richard Petzoldt: Heinrich Schütz und seine Zeit in Bildern. Kassel, Basel, Tours, London (Bärenreiter Verlag) 1972: 10 oben (Gera, Städtische Museen), 10 unten, 12 (Foto H. Pauli), 20, 26 (Stadtgeschichtliches Museum Leipzig), 54 (Sächsische Landesbibliothek Dresden), 61 (LP E III 18, 12; Forschungs- und Landesbibliothek Gotha), 63 (Leipziger Städtische Bibliotheken – Musikbibliothek der Stadt Leipzig), 78, 81 (Marienbibliothek Halle; St. Bartholomäus, Kantoreiarchiv, Waldenburg), 105 (Sächsisches Hauptstaatsarchiv Dresden), 109 (Foto Kind), 112, 115 (beide Leipziger Städtische Bibliotheken – Musikbibliothek der Stadt Leipzig), 116, 118 oben (beide Universitätsbibliothek «Bibliotheca Albertina», Leipzig), 121
Aus: Hans Eppstein: Heinrich Schütz. Neuhausen–Stuttgart 1975: 11
Bereichsbibliothek Landesbibliothek und Murhardsche Bibliothek, Handschriftenabteilung, Kassel: 13 (2° Ms. Hass. 57 10 fol. 165 r), 29 (2° Ms. mus. 52 b fol. 14), 49
Kunstsammlungen der Veste Coburg: 17
Herzog August Bibliothek Wolfenbüttel: 23 (14.10 Musica 2°), 83 (13.5 Musica 2° [1])
Sächsische Landesbibliothek Dresden, Abteilung Deutsche Fotothek: 31
Aus: Hans Joachim Moser: Heinrich Schütz. Sein Leben und Werk. Kassel, Basel (Bärenreiter Verlag) [2]1954: 40, 45, 55, 56, 58 (Jagiellonische Bibliothek, Krakau), 75, 118 unten
Sammlung des Autors: 50, 71
Bildarchiv der Österreichischen Nationalbibliothek, Wien: 53
Aus: Guglielmo Barblan u.a.: Claudio Monteverdi sul quarto centenario della nascita. Turin 1967: 68
In the Collection of the Corcoran Gallery of Art, William A. Clark Collection, Washington: 77
Aus: Otto Michaelis: Heinrich Schütz. Eine Lichtgestalt des deutschen Volkes. Leipzig, Hamburg 1935: 79
Aus: Heinrich Schütz. Neue Ausgabe sämtlicher Werke. Bd. 10, Kleine geistliche

Konzerte 1636/1639. Hg. von Wilhelm Ehmann u. Hans Hoffmann. Kassel, Basel, Paris, London, New York (Bärenreiter Verlag) 1963: 86

Aus: Jacques Callot: Les Misères de la Guerre. 1633 (Bibliothèque Nationale, Paris): 89 (3)

Archiv für Kunst und Geschichte, Berlin: 94

Aus: Carl von Winterfeld: Johannes Gabrieli und sein Zeitalter. Bd. III. Berlin 1834, Nachdruck Hildesheim 1965: 104

Aus: Martin Gregor-Dellin: Heinrich Schütz. Sein Leben. Sein Werk. Seine Zeit. München, Zürich 1984: 122

Aus: Friedrich Blume: Geschichte der evangelischen Kirchenmusik. Kassel, Basel, Paris, London, New York (Bärenreiter Verlag) 2., neubearb. Aufl. 1965: 124 (Dr. B. Stockmann), 125, 127 (Deutsches Musikgeschichtliches Archiv, Kassel), 129 (Dr. Richard Baum)